JN095241

経営学史学会編　〔第二十七輯〕

経営学の『概念』を問う

——現代的課題への学史からの挑戦——

文眞堂

巻頭の言

経営学史学会第9期理事長　勝　部　伸　夫

　経営学史学会第27回全国大会は，統一論題に「経営学の『概念』を問う——現代的課題への学史からの挑戦——」というテーマを掲げ，北海学園大学において5月24日，25日，26日の3日間開催された。今大会をお引き受け頂いた北海学園大学は北の「私学の雄」と呼んでもよい伝統ある大学で，経営学関係の先生方も多数おられ，これまで経営学関連の学会を積極的に開催されてきた。そうした経験と実績のある大学だけに，今回もまたホスピタリティの高い対応をして頂いた。大会実行委員長である石嶋芳臣先生をはじめとする先生方，ならびに学生スタッフの皆さんには衷心より御礼申し上げたい。

　今大会のテーマはすでに述べた通り「経営学の『概念』を問う」というものである。「概念」とは英語の concept，ドイツ語の Begriff の訳語であるが，その語源は動詞の begreifen で，「つかむ」「包括する」「把握する」という意味である。つまり概念は物事の本質的な特徴をつかまえるということである。ウェーバーは，この概念という道具の意義・重要性を最初に発見したのはソクラテスだと言い，誰でも概念によって論理の万力で相手を締め上げることができたと述べている（『職業としての学問』）。つまり学問研究にあって概念は不可欠の道具であり，それは使うものにとっては強力な武器になる。われわれ研究者は誰でも自らの学問領域でこうした「概念」を用いて議論を展開するが，その際，如何なる概念を立てるのかが極めて重要であり，それによって対象をどう捉え，どう理解するのかが決まってくる。勿論，概念はどのようにでもたてられるが，優れた概念をたてることで問題をクリアに分析でき，明快な論理を展開することができる。

　経営学にもやはり中核となるような概念がいくつかあるが，今回は「労働」と「企業」という2つの概念が取り上げられた。経営学史の立場から，

経営学の基本概念を問おうというのである。過去の「概念の変遷史」を学史的に丁寧に見て行くことは言うまでもなく，その「概念」がどのような背景と意図をもって構成され，経営の現代的課題の解明にどう応えてきたのか，あるいは今現在どういう位置と意味を持っているのかを明らかにしようとするものである。こうした検討を通じて，現在から未来へとつながる経営学を展望しようという期待が込められている。難しいテーマである。

　本書には，今大会で報告された基調報告1編，統一論題報告4編，そして自由論題報告4編が収められている。最初に藤沼司会員による，企業文明の中での経営学とその概念をめぐる基調報告論文，続いてサブテーマⅠの坂本雅則会員と中條秀治会員による「企業」概念をめぐる論文，次にサブテーマⅡの庭本佳子会員と澤野雅彦会員による「労働」概念をめぐる論文となっている。いずれもこのテーマに真正面から挑戦した意欲的な論考である。5つの論文を読むと学問とは概念だという言葉を改めて思い出す。各論者がこれまでの「企業」あるいは「労働」の概念をどう整理し評価したのか。またそれらの概念は現代の経営学の問題を解くのに有効なのか否か。そして概念を問うことで「経営学の未来」ははたして展望できたのか否か。こうした視点から本書を是非読んでもらいたい。

　ところでこれまで折に触れて述べて来たことであるが，経営学という学問の置かれた状況を考えると，経営学史研究はいまや不可欠な存在になってきている。そして今大会のように経営学の根幹を問うテーマで議論ができるのは，本学会を措いてあまり見当たらないと言ってよいのではなかろうか。それだけに今後とも地道でありながらも問題に鋭く迫る充実した議論をしていくことが経営学史学会には求められよう。

　学会も厳しい状況にあるが，同じように厳しい出版事情の中で本書の出版も含めて本学会を長く支援して頂いている文眞堂・前野隆氏，前野眞司氏には，心より感謝申し上げたい。

目　次

第Ⅰ部
趣旨説明

経営学の『概念』を問う
——現代的課題への学史からの挑戦——

第9期運営委員会

　経営学史学会第27回全国大会の統一論題テーマは，「経営学の『概念』を問う——現代的課題への学史からの挑戦——」とする。その趣意は以下の通りである。

　近年の経営学史学会の統一論題は，表現はさまざまであるが，経営学とは何か，経営学における経営学史研究の意義とは何か，をめぐって設定されてきた。第9期理事会もそれを引きつぐ形で，2018年度の第26回全国大会の統一論題「経営学の未来——経営学史研究の現代的意義を問う——」が設定された。このテーマにおいては経営学史研究の立場から，現代社会あるいは現代経営学がどのような課題を抱えており，それに対していかなる具体的な応答可能性があり，さらにはどのように「経営学の未来」を構想するかという未来志向の視点が強調されていた。

　第27回大会の統一論題設定の意図は，このような問題意識を受けて，学史研究固有の接近方法で，学史研究の意義や経営学の未来について論じよう，という点にある。そのひとつの切り口は，「概念の変遷史」である。経営学において繰り返し問われてきた主要概念が，歴史的展開過程でいかなる取り扱いを受けてきたのかを丹念に検討する。そのことを通じて，同じ表記を用いながらその意味内容が変化している場合，あるいは意味内容は変化せずに表記が変更されている場合があるかもしれない。それ以外のケースもありうるであろう。このような変化の意味するところを検討しよう，ということである。

　学問とは「諸概念の体系」とも言え，われわれの瑞々しく具体的な経験の世界は概念により分節化される，あるいはそのようにされざるを得ない。「経営学」の生成過程も，経験世界に「企業（組織）現象」を見出すことで

隣接する諸学との境界線を画定・正当化し，その領域内部を分節化しなが
ら，構築（再構築）されてきたと言ってもよい。100有余年におよぶ「経営
学」の潮流は，「企業（組織）現象」を対象とする固有の領域科学として，
特有の概念化の仕方で隣接諸学との境界を差別化・固定化させ，今日その領
域内部のさらなる細分節化・精緻化に邁進してきたと言えよう。

　また，こうした「経営学」の展開は，個々の主体の経営実践を通じて構造
化されつつある過程と見ることもできよう。われわれは既成の「経営学」
（概念）体系をもって具体的な経験世界へ飛び込んでいく。さらに，この概
念体系がわれわれの注意・関心を規定し，そのことがわれわれの行為・実践
を規定し，それがまたわれわれの経験する内容を規定していく。このように
既成の概念体系には一定の志向性があり，実践を通じて個々の主体に内面化
されていく。同時にこの過程で，既成の概念体系に基づく実践が，既成の体
系自体を強化あるいは修正することもある。

　20世紀以降の現代社会の基本的な生活様式・実践様式が企業（組織）の
経営実践によって提供・規定されているということから「企業文明」と称さ
れることがある。であるとすれば，今日の企業社会に内在する問題は，既成
の「経営学」の概念体系に根差した問題である可能性がある。

　それゆえ，概念の変遷史を検討することが「経営学」体系の生成過程を超
えて，既成の「経営学」体系とわれわれの経験世界との関わり方（既成の
「経営学」体系の志向性）の意味を問うことに，ひいては「企業文明」を問
うことになるとも考えられる。ここに，経営学史研究の，ひとつの重要な意
義を見出すことができる。以上のような趣意に基づき，第27回大会では，
特に，現代の経営学においても重要な二つの概念，①「労働」概念と②「企
業」概念を取り上げることとする。なぜならば，今日の企業を取り巻くグ
ローバル化，情報化の進展の中で，特に「労働」の在り方と「企業」の役割
ならびに影響範囲は変容してきており，今後，われわれの生活や社会の在り
方にも大きく影響を与えうると考えられるからである。この二つの概念は，
経営学の誕生以来，幾度となく取り上げられてきたものであるが，「文明の
転換期」ともいえる今こそ，改めて問い直される時を迎えていると思われ
る。今大会では，この二つの概念の変遷を踏まえ，経営学の未来へ向けて，

概念とその体系としての「経営学」ひいては企業文明にどのような展開可能性が考えられるかを経営学史の視角から論じてみたい。

第 **II** 部

経営学の『概念』を問う
─現代的課題への学史からの挑戦─

1 経営学の「概念」を問う
——現代的課題への学史からの挑戦——

藤 沼 司

Ⅰ. はじめに

　第 27 回全国大会は，統一論題として「経営学の『概念』を問う——現代的課題への学史からの挑戦——」を掲げ，ふたつのサブ・テーマ「『労働』概念を問う」および「『企業』概念を問う」を配している。経営学において繰り返し問われてきた主要「概念」の考察を通じて，「現代的課題」の解決に挑戦し，改めて経営学史研究の意義・価値を示そうということである。

　「課題」自体の（再）構成には，学問としての経営学の概念体系（概念図式）が大いに影響している。だからこそ学史が挑戦すべき「現代的課題」を明確にするため，100 有余年にわたり繰り返し問われてきた主要概念がどのように設定され，問題化されてきたのかを検討する必要がある。そのことを通じて経営学の概念体系の特徴を明らかにし，経営学が「現代的課題」をどのようなものとして（再）構成し格闘しようとしているのか，さらには経営学の問い方に内在する「現代的課題」の有無が浮き彫りになる。

Ⅱ. 「概念」とは何か

　これまでの経営学は，何を，どのように，問題にしてきたのか。そしてまた，これからの経営学は，何を，どのように，問題にすることが求められるのか。このことを検討するために，われわれは経営学において繰り返し問われてきた主要「概念」の取り扱われ方の推移（概念の変遷史）に注目する。

　およそ学問とは「諸概念の体系」とも言え，われわれの瑞々しくも複雑で

具体的な経験の世界は，諸概念の体系により分節化されるあるいはそのようにされざるを得ない。概念は，「一つにして掴まれたもの conceptum」や「把握する begriffen」といったように，複数の事物や事象から共通の特徴を抽出し，それらを包括的・概括的に捉える思考の構成単位を意味している。また漢字の「概（がい・とかき）」は，「ますで穀物を量るときに表面をならすのに使う棒。ますかき。とかき。」（三省堂『全訳 漢辞海 第三版』）とある。いわば認識という「升」にあわせて，知覚を調整する（中村 2000）。ここに共通することは，「概念」化の過程には，人間の主体的関与（操作）が含意されているということである。

　この概念化には，複雑で動的な具体的経験の流れの一側面に注目・焦点化し，その意味を抽出し，逆に周辺化された潜在的な諸他の意味の可能性を捨象するという，〈意味の一元化作用〉がある。しかもわれわれ人間は，そうして抽象化された特定の意味こそが「具体的な現実」であると思い込む「具体性置き違いの誤謬[2]」を犯す性向を有している。概念化の過程には，そうした問題がつきまとっているが，個々の行為主体の具体的実践を通じて常に検証（verification）されつつある。この真理化過程で，当該概念がわれわれの具体的実践にとって有用（expedient[3]）であると信じられる限り受容・内面化され，われわれの実践を導く信念として強化されていく。この過程で鍛えられた概念が，より抽象度の高い諸概念の基盤ともなる。このように展開される概念の真理化過程は，個々の主体の実践を通じて構造化されつつある過程と見ることもできる。われわれは既成の概念体系をもって具体的な経験世界へ飛び込んでいく。この概念体系がわれわれの注意・関心を規定し，そのことがわれわれの実践を規定し，それがまたわれわれの経験する内容を規定していく。このように既成の概念体系には，具体的経験のどこにどのように注目・焦点化するかに関わって一定の志向性があり，実践を通じて個々の主体に内面化されていく。同時にこの過程で，既成の概念体系に基づく実践が，当の体系自体を強化あるいは修正もする。

　「経営学」という概念体系の生成過程も，経験世界に「企業（組織）現象」を見出し，隣接する諸学との境界線を画定・正当化し，その領域内部を分節化しながら，（再）構築されてきたものである。100 有余年におよぶ

「経営学」の潮流は、「企業（組織）現象」を対象とする固有の領域科学として、一定の志向性をもった特有の概念化の仕方で隣接諸学との境界を差別化・固定化させ、こんにちその領域内部のさらなる細分節化・精緻化に邁進してきた。

そこで本稿では、経営学が成立してくる前史にまで遡り、これまでの経営学が内包することになった一定の志向性の内実を探ることとする。

Ⅲ．経営学成立前史——近代への転換——[4)]

経営学が注目することになる「企業」とは、近代の資本主義経済のもとで、生活に必要な生産を超えた「余剰生産」を特徴とする、「営利追求のための事業体」としての狭義「企業」である。ただしこんにちのような、企業の規模的・量的拡大に至るには、それ以前の社会からの精神的および物質的転換を必要とした。以下ではまず、理念・価値観の転換を意味する精神的転換を概観する。その手掛かりとして、M・ウェーバーに着目する。

1．精神的転換——価値観の転換——

ウェーバーの研究主題は、歴史にみる「普遍的な合理化」過程であった。しかもここで「合理化」とは、人間が世界を実践的に呪術から解放していく過程（実践的合理主義）を意味する。この意味での合理化が、なぜ西欧においてのみ、しかもそれが世界に浸透していく普遍性を持つ形で進展し得たのかが、ウェーバーの研究主題であった。

『プロテスタンティズムの倫理と資本主義の精神』に拠れば、資本主義社会に適合的な資本主義の精神は、救済を目的とした現世内禁欲を命じるプロテスタンティズムの倫理によって結果的にもたらされた、という。

J・カルバン（Jean Calvin, 1509-1564）の予定説に立てば、われわれ人間にできることは、神の意にそぐわないと推測される欲望を節制し、現世において神によって与えられている使命＝職業に献身する現世内禁欲しか残されていない。禁欲は、救済という目的のために生活全般を合理的に規制し（再）組織化するものであり、その限りで合理的性格を有している。こう

した合理的な現世内禁欲は，人々の「職業活動への献身」を要請する。「職業活動への献身」は，それが宗教的動機に起源を有するとしても，結果としては，より多くの財を蓄積することになる。このことが，「職業活動への献身」の成功を意味し，「救済の確信」を強化する。しかし次第に，「財の蓄積」自体が目的化し，むしろそのためにより効率的に「職業活動の献身」の合理的（再）組織化を進めるという「目的と手段の転倒」が生じてくる。

　「資本主義の精神」とは，資本を増加させるために，従来の伝統を打破し現世内での自らの生活全般を組織的に合理化して行くことを強く促し，それを怠ることに対しては倫理的に非難するような生活態度である。ここに，営利追求を肯定し，「労働」を「苦役」として忌避せずむしろ「天職」として肯定する，精神的転換の重要な契機を見出せる。しかし，こうした精神的転換にもかかわらず，近代の資本主義経済が大規模に展開可能となるためには，さらに物質的転換が必要であった。その契機は，1700年代以降の産業革命であった。

2.　物質的転換
——産業革命の中核としての「エネルギー革命」を中心に——

　K・ポメランツは，1750年までのユーラシア大陸各地における農業的・商業的な，あるいはプロト工業的な（市場向けの手工業生産の）発展に驚くほどの類似性を見出す。しかし19世紀を通じて西欧にだけ，さらなる爆発的成長（大分岐）が起こった（Pomeranz 2000, p. 8, 翻訳書，22-23頁）。その転換点に，1800年初頭の「エネルギー革命」を特徴とする産業革命がある。資源やエネルギーの観点からすれば産業革命は，薪炭から石炭やコークスへの転換，人力や畜力，風水といった自然の力から蒸気への転換という形で，高度の「有機物依存経済」から「鉱物依存経済」への移行の画期となったのである[5]。

　この転換により，1800年以前のあらゆる社会において人間の諸活動の根本的な制約要因となっていた「土地の生産性」から相対的に解放され，それまで二律背反関係にあった「人間の生存維持」と「産業の成長」という要因が両立可能となった。これにより，爆発的な人口増加と経済成長が実現可能

（「マルサスの罠」からの解放）となった。エネルギー革命は「有機物依存経済から鉱物依存経済への転換」[6]を生じさせ，それに伴って人間の諸活動の根本的な制約条件が「土地の生産性から労働の生産性へ」と変容して行く物質的転換の契機であった。1800年以前のあらゆる社会は，ほとんどの資源を土地に依存しており，人間の諸活動が根本的に生態系の埒内に埋め込まれた「資源循環型社会」であった。しかし，1800年初頭のエネルギー革命を経た鉱物依存経済としての新たな社会の台頭は，「土地」（地球）を「資源の無限の貯蔵庫」であり開発対象と捉える「資源浪費型社会」への扉を開いた。

　有機物依存経済の時代を生きながらも，時代を先取る形で「労働の生産性（力）」に着目したのが，A・スミス（Adam Smith, 1723-1790）であった。スミスは，「労働の生産性」改善を促進する「分業に基づく協働co-operation」に注目する。分業には，① 個別的分業と ② 社会的分業があり，「分業の度合」はつねに「市場の大きさ」によって制限されるとスミスは指摘する（Smith 1776, 2003, p. 27，翻訳書（1），43頁）。「市場の拡大」が「分業の度合」（分業の細分化・高度化）を促進させ，それが「国民の富」（国民が消費する生活必需品・便益品）を増大させるとして，その後経済学は社会的分業（市場メカニズム）に焦点化していく。それに対して後発の経営学は，周辺化していた個別的分業（協働システム）に焦点化していくこととなる。

　経済学が注目した「市場」は，どのように焦点化され，人々の実践にどのような影響を及ぼしたのか。K・ポラニーを手掛かりに，確認する。

3．「自己調整的市場」の形成の意味——K・ポラニーを手掛かりに——

　従来，各々の共同体や社会の文化・慣習・伝統は，長年にわたる有機物依存経済の中で醸成されてきたものであり，その枠組みを維持する志向性（現状や伝統の維持志向）を有していた。そこには当然，そうした文化・慣習・伝統から抜け出そうとする動き（変化・革新志向）はあったが，「土地の生産性」という根本的な物質的制約条件が大いに規制した。ところがエネルギー革命によって，人間の諸活動は「土地の生産性」という制約から相対的に解放される。すると，前述した，資本増加のために伝統を打破し生活全般

の組織的合理化を目指す実践的合理主義を伴う「資本主義の精神」という精神的転換と相まって，従来，人口増加や経済成長に対して抑制的に作用していた既存の枠組みを超え出て，「分業に基づく協働」を通じた「労働の生産性」改良という志向性が明確化してくる。言い換えれば，各々の共同体や社会が醸成してきた既存の文化・慣習・伝統の維持志向と変化・革新志向という新しい時代の要請との対立が先鋭化してくる。

　伝統的社会との対比で，19世紀イギリスに勃興してくる自己調整的市場（市場経済）の交換原理が支配する「新しい社会」に内包される問題性を根源的に批判した人物に，K・ポラニーがいた。彼は「新しい社会」の特徴として，「経済が社会的諸関係の中に埋め込まれている embedded のではなく，反対に社会的諸関係が経済システムの中に埋め込まれている」ことを指摘する（Polanyi 1944, 2001, p. 60, 翻訳書，100頁）。ポラニーが言う「埋め込み」とは，社会的諸関係を市場経済の論理に従わせることである。それを可能にするのが，「すべての生産が市場における販売のために行われ，すべての所得がそのような販売から派生する」（Polanyi 1944, 2001, p. 72, 翻訳書，120頁）と見做すことであり，その具体的な顕れとしての「商品」が市場での交換を通じて自己調整されると見做すことに起因する[7]。ポラニーは「商品」を，「本来的商品」と「擬制的商品」に区分する。本来的商品とは市場での販売目的で生産された品物のことであり，擬制的商品とは本来的商品とは異なる労働や土地，貨幣までもが，あたかも商品であるかのように擬制される商品のことである。近代の経済学は，擬制的商品が本来的商品と同様に機能すると見做すことから始まる。ポラニーは，労働や土地，貨幣までもが擬制的商品として市場経済の中に埋め込まれていく19世紀に出現した市場経済の事態とその危険性に注目する（Polanyi 1944, 2001, pp. 75-76, 翻訳書，125頁）[8]。

　市場経済化の進展は，人間の諸活動を市場経済という文脈の中に埋め込み「分業の度合」を高めながら，他方で当の鉱物依存経済自体は生態系を「資源の無限の貯蔵庫」として開発対象と見做し，生態系の自浄能力を超えた開発を促進し，「資源浪費型社会」への転換をも推し進めていく。

　こうした時代状況の中，後発の経営学は19世紀末から20世紀初頭に成立

してくる。その特徴は，市場での交換拡大を前提に，周辺化されていた個別的分業（協働システム）における「労働の生産性（力）」改善を通じて，「一国の富」増大に貢献することを目指すという特有の志向性（焦点化の仕方）を内包する点にある。しかも，市場経済での「自由競争」を通じて「適者生存」が図られ，社会全体が「成長」・「発展」していくという信念を備えていることも，忘れてはならない。従来の「変化しない＝世代・時代を超える普遍的価値がある」という信念から，「変化しない＝停滞＝望ましくないこと／変化する＝成長・進歩＝望ましいこと」という信念へと転換・強化されていく。

Ⅳ．「エネルギー革命」後の世界——「企業文明」と経営学——

1．経営学の歴史的位置

実際に 19 世紀以降，産業の成長に伴いエネルギー消費量が急増し，それとともに世界人口も爆発的に増加してきた（図1）。

こうした世界人口の爆発的増加に関わって，「人類のロジスティック曲

図1

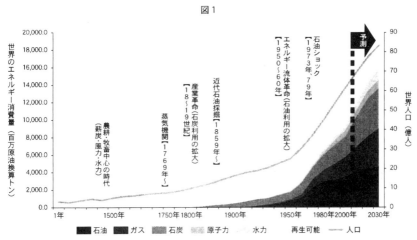

（出所）「エネルギー白書」(http://www.enecho.meti.go.jp/about/whitepaper/2013html/1-1-1.html, 2019 年 3 月 20 日アクセス)

線」への言及がある。ロジスティック曲線は，もともとマルサス『人口論』批判として提起されたが，人口増加や生物の増殖過程を近似的に表しており，はじめは徐々に増加し，半ばで急激に増加し，その後漸減して上限に達するようなＳ字形の曲線である（図2，縦軸：個体数（人口），横軸：時間）。ロジスティック曲線は「環境条件が有限な閉域」を前提としており，人間にとっては20世紀末のグローバリゼーションの進展に伴う「外部の喪失[9]」として現実化したことになる。

　重要な点は，人間社会はエネルギー革命によって「土地の生産性」から相対的に解放され，③「Ⅱ 爆発期」を経験し，いまや④「Ⅱ→Ⅲ 過渡期」に位置するのではないか，ということである。この視点から，転換期にある現代社会での「経営学の役割」をめぐって，以下のような問いが出てくる。

図2　人間の歴史の3つの局面

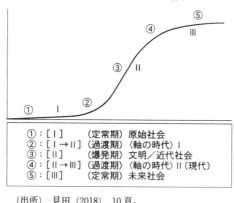

①：［Ⅰ］　　　（定常期）原始社会
②：［Ⅰ→Ⅱ］（過渡期）〈軸の時代〉Ⅰ
③：［Ⅱ］　　　（爆発期）文明／近代社会
④：［Ⅱ→Ⅲ］（過渡期）〈軸の時代〉Ⅱ（現代）
⑤：［Ⅲ］　　　（定常期）未来社会

（出所）　見田（2018），10頁。

　第1に，「これまでの経営学」は③「Ⅱ 爆発期」においていかなる役割を果たしてきたか。

　第2に，「これからの経営学」は⑤「Ⅲ 定常期」においていかなる役割を果たしうるか。

　第3に，現在が④過渡期・分岐点であるとすれば，③「Ⅱ 爆発期」において適合的であった「これまでの経営学」のやり方が，⑤「Ⅲ 定常期」に向かう「これからの経営学」にとっても適合的なのか。

以下では，「Ⅱ　爆発期」において「これまでの経営学」が果たしてきた役割を概観することで，経営学が抱える現代的課題を浮き彫りにする。

2．これまでの経営学が内包する志向性の特徴

「経営学」という概念体系は，その成立の背景となる歴史的文脈の中で，いくつかの特徴的な志向性を内包することになった。

第1に，「資本主義」である。それは，資本を増加させるために，伝統を打破し，現世内での生活全般を合目的的に（再）組織化することを強く促す志向性である。それは，「変化しない＝停滞＝望ましくないこと／変化する＝成長・進歩＝望ましいこと」という信念を強化していく。

第2に，「市場経済中心主義」である。それは，市場での交換拡大を通じてこそ，分業の細分化・高度化が進展し，「労働の生産性（力）」改善を実現し，また「一国の富」増大に貢献可能であるという特有の志向性である。しかも，市場経済での「自由競争」を通じて「適者生存」が図られ，社会全体が「成長」・「発展」していくという信念をも強化することになる。この延長線上に，外部依存性の高まりつつあるこんにちの「高度専門化社会」が到来し，われわれ諸個人は特定協働システムにおける「特定分野の生産者（労働者）＝専門家（知識労働者）」として顕れ，他方でその他多種多様な協働システムにおける「顧客」として顕れる。そして「顧客の創造」が企業の目的として喧伝されることとなる。こうした「専門家－顧客」関係は企業という個別の経済的協働システムを超えて，多種多様な協働システムに「顧客」志向として浸透してくる。社会的諸関係全体が，市場経済の論理に埋め込まれていく。

藤井一弘は，資本主義と市場経済中心主義を現在の主流派経済学の前提に置いた上で，「『資本主義』に比べれば，『市場経済』は，むしろ即物的なメカニズムに見えるほどである」（藤井 2014，12-13頁）として，両者を峻別する。さらに続けて，「資本主義とは，資本を増やすことこそ何にも勝る価値と考える，ということになるだろう。物質的かつ量的なもの以外の人間にとっての豊かさ・価値を押しつぶして，資本（これも貨幣ベースで計られる）を増やすことに邁進している現在の経済社会，ひいては企業活動もこの

ism のもとでこそ成り立っているのである」（藤井 2014, 13 頁）と指摘する。

　第3に，第1および第2に共通する特徴から「貨幣ベースで計られること」，「量的に計測されること」という志向性も強化されてくる。

　経営学という概念体系は，その生成期からこんにちまで，「資本主義」を基底に据え「市場経済中心主義」の埒内で，「貨幣ベースで計られること」・「量的に計測されること」を想定しつつ，形成・強化されてきた。特に，社会主義経済圏の崩壊後は，（宗教的，民族的対立等の）「社会の対抗運動」を引き起こしながらも，対抗軸を失った3つの志向性がますます世界を覆い尽くす勢いである。「企業」概念や「労働」概念をはじめ，「これまでの経営学」体系は，こうした志向性を与件としつつ概念化され，貨幣ベースで計られる物質的豊かさを実現させることで，その有用性も検証・真理化されてきた。「Ⅱ　爆発期」から「Ⅲ　定常期」への過渡期・分岐点に立って，「こうした志向性とどのように向き合うか」が，「これからの経営学」に問われる。

3．これまでの経営学の展開——企業文明の功罪——

　20世紀以降の現代社会に基本的な生活様式・実践様式が企業（組織）の経営実践によって提供・規定されることから，現代社会が「企業文明」と称されることがある。「企業文明」の基本的な生活様式・実践様式は，「資本主義」志向を基底に据えた「市場経済中心主義」志向の埒内に，人間の諸活動を埋め込もうとする。換言すれば「企業文明」は，多種多様な個別協働システム——企業だけではなく，非営利組織体等も——が市場を介したネットワークの中に埋め込まれ，「高度専門化社会」の様相を呈するに到る。そのことで「企業文明」は，「Ⅱ　爆発期」を通じて，人類史上類を見ない物質的豊かさを実現させ，その有用さを示し，真理化されてもきた。それがまた人々に，上記3つの志向性やそれに伴う諸信念の受容・内面化を促すことにつながってきた。

　しかしそれは同時に，人間の諸活動がことごとく市場経済の俎上に載せられ，「貨幣ベースで計られる／量的に計測される」ことで，個別協働システムに潜在する多様な意味の可能性が捨象・抑圧されるという人間の諸活動の高度な抽象化，ひいては「意味の一元化」をもたらす。それこそがあ

たかも「具体的な現実」であるかのように「具体性置き違いの誤謬」を犯すことになる。「データ資本主義」との呼称もあるように，IoT（Internet of Things，モノのインターネット）やビッグデータ，AI の活用といった技術革新が，「貨幣ベースで計られる／量的に計測される」傾向をさらに加速させている。人間の諸活動・経験の重要な一面を可視化しているのは確かである。しかしそこにも「具体性置き違いの誤謬」が潜んでいる。村田晴夫は，こうした「具体性置き違いの誤謬」が，「企業文明」ひいてはその土台を成す近代科学技術文明の矛盾であると指摘する（村田 2019）。こうした「具体性置き違いの誤謬」に起因して，潜在的な多様性を有する諸他の意味との齟齬が甚だしくなるにしたがって，① 人間性の衰減，② 文化の対立，③ 自然環境問題といった経営学の文明論的課題として顕在化してくる（村田 2019；藤沼 2015）。

　企業文明には，人類史上類を見ないほどの物質的豊かさを実現させた「功」と，「具体性置き違いの誤謬」を犯し多様性を排除あるいは抑圧することで文明論的課題を惹起させる「罪」の両面があることを明記すべきである。今大会において「企業」概念および「労働」概念が選ばれたのは，現代社会に基本的な生活様式・実践様式を提供しているのが「企業」だからであり，「企業」における／「企業」のもとでの具体的な実践のひとつが「労働」だからである。

Ｖ．むすびにかえて──経営学が内包する「現代的課題」──

　およそ学問とは「諸概念の体系」と言え，われわれの複雑で具体的な経験の世界は，概念により分節化される。その際，どのように焦点化されるかに関して，一定の志向性がある。これまでの経営学を主導する志向性は，① 資本主義，② 市場経済中心主義，③「貨幣ベースで計られること／量的に計測されること」であり，「企業文明」としての現代社会はそれに規定されて存立している。そうした事情に起因して，企業文明には功罪両面がある。これまでの経営学は「Ⅱ 爆発期」を支えてきたが，④ 過渡期・分岐点を迎える現在，これからの経営学はこうした志向性とどう向き合うかを問わ

れている。

注

1） W・V・O・クワインは，概念図式は複雑な経験の流れを概念的単純さへ還元する装置であるとともに，何が存在するかを決定する存在論的枠組みでもあると指摘する。

2）「具体性置き違いの誤謬 fallacy of misplaced concreteness」をめぐって，廣田俊郎先生から貴重な示唆をいただいた。ここに記して感謝申し上げる次第である。この概念に対する考察を，さらに進めたい。

3） H・W・パットナム（2013，翻訳書，6頁）を参照。「expedient（便宜の，好都合の，急場しのぎの，役立つ等）」は，ラテン語「expedientem（はかどらせる）」より。「ex（〜から離れて）＋ pedi（足）＋ ent」＝「足枷から足を自由にしたような」という意味がある。そこから，「expedient（有用）」を，行為主体の自由を促進する方向に働く場合に用いられると解することができる。ここで筆者は，自由を，「状況の拘束性を超え出て，自ら設定した目的の実行可能性を追求すること」と捉えている。「有用さ」には，設定された目的の実現を目指すこと（有効性の側面）と，空間的・時間的拡がりを有する諸状況との調和（能率の側面）という art の問題が控えている（藤沼 2015 参照）。

4） 以下，2および3は藤沼（2017）の関連箇所に加筆・修正を行っている。

5） 1800 年以前のあらゆる社会においては，衣食住，燃料，動力等の経済活動の基本要素が，主として植物や動物に依存しており，根本的に「土地の生産性」に制約されていた。そうした時代を「有機物依存経済」と呼ぶ。

6） 1700〜1870 年に至る経済成長は，2つの段階に区分できる。第1段階：18 世紀にみられる着実で安定的なイギリスの工業化は，伝統的な「有機物依存経済」の中での経済成長のパターンを踏襲するものであった。第2段階：19 世紀の初頭からみられる工業化の急激な進展は，「鉱物依存経済」への転換をとげた経済成長のパターンとみなされる（Wrigley 1988, 1990 や長谷川 2012 を参照）。

7） 近代の経済学は，19 世紀に出現した市場経済を特徴づける「取引・交換」を，①財・サーヴィス（商品）の移動は不特定な2点間の移動であり，②それを支える社会組織は自己調整的市場であり，③経済の行動動機は利得の獲得，と見做した（Polanyi 1944, 2001 を参照）。

8） ここに，市場経済拡張運動とそれへの社会の対抗運動という「市場経済と社会の二重運動論」というポラニー特有の視座が出てくる。この論点にポラニー思想の今日的意義があると，佐藤光は指摘する（佐藤 2003, 435-436 頁）。

9） 人間の歴史を概観すれば，新たな技術（古代の農業革命や近代の産業革命）によって，環境容量の変更（拡大）が実現してきた。こんにち「外部の創出」としては，マクロな方向での宇宙開発もあろうが，仮想空間としてのサイバー・スペースのような方向での「情報革命」も盛んに試みられている。

参考文献

Beck, U., Giddens, A. and Lash, S. (1994), *Reflexive Modernization: Politics, Tradition and Aesthetics in the Modern Social Oder*, Polity Press. （松尾精文・小幡正敏・叶堂隆三訳『再帰的近代化──近現代における政治，伝統，美的原理──』而立書房，1997 年。）

Polanyi, K. (1944, 2001), *The Great Transformation: The Political and Economic Origins of Our Time*, Beacon Press. （野口健彦・栖原学訳『大転換──市場社会の形成と崩壊──（新訳）』東洋経済新報，2009 年。）

Pomeranz, K. (2000), *The Great Divergence: China, Europe, and the Modern World Economy*, Princeton University Press.（川北稔監訳『大分岐——中国，ヨーロッパ，そして近代世界経済の形成——』名古屋大学出版会，2015年。）

Smith, A. (1776, 2003), *The Wealth of Nations*, Bantam Classic Edition (This edition is based on the fifth edition as edited and annotated by Edwin Cannan in 1904).（水田洋監訳／杉山忠平訳『国富論 (1)』岩波文庫，2000年；水田洋監訳／杉山忠平訳『国富論 (4)』岩波文庫，2001年。）

Wrigley, E. A. (1988, 1990), *Continuity, Chance and Change: The character of the industrial revolution in England*, Cambridge University Press.（近藤正臣訳『エネルギーと産業革命——連続性・偶然・変化——』同文舘，1991年。）

佐藤光 (2003)，「解説　ポランニー思想の今日的意義」ポランニー，K.著／玉野井芳郎・平野健一郎編訳『経済の文明史』ちくま学芸文庫所収。

スミス，A.著／水田洋訳 (2005)，『法学講義』岩波文庫。

中村元 (2000)，『思考の用語辞典』筑摩書房。

長谷川貴彦 (2012)，『産業革命』山川出版社。

パットナム，H. W.著／高頭直樹訳 (2013)，『プラグマティズム——限りなき探求——』晃洋書房。

藤井一弘 (2014)，「経営学に何ができるか——経営学の再生——」経営学史学会編『経営学の再生——経営学に何ができるか——（経営学史学会年報 第21輯）』文眞堂。

藤沼司 (2015)，『経営学と文明の転換——知識経営論の系譜とその批判的研究——』文眞堂。

藤沼司 (2017)，「『社会の中での組織の機能』を問う——経営学と協働の変容——」日本経営学会編『経営学論集（第87集）』千倉書房。

マルサス，T. R.著／斉藤悦則訳 (2011)，『人口論』光文社古典新訳文庫。原書初版は1798年。

見田宗介 (2018)，『現代社会はどこに向かうのか』岩波新書。

村田晴夫 (2019)，「文明と経営——経営学史研究と経営学の未来——」経営学史学会編『経営学の未来——経営学史研究の現代的意義を問う——（経営学史学会年報 第26輯）』文眞堂。

2 批判的実在論からみた「企業」概念の刷新

坂 本 雅 則

Ⅰ. はじめに

経営学史学会第 27 回全国大会の統一論題は「経営学の『概念』を問う──現代的課題への学史からの挑戦──」であり，サブテーマがそれぞれ「労働」概念，「企業」概念であった。

事務局から「企業」概念という壮大なテーマの報告を依頼されたとき，私のような企業支配論やコーポレート・ガバナンス論を専門領域とするものが扱えるはずがない，傷つくことの方が多いだろうというのが正直な感想であった。しかし，「企業」概念の変遷を敷衍すれば焦点を絞っても良いということであったので，思い切って引き受けたというのが経緯である[1]。

本稿は，まず，経営学説を三つに分けて，それぞれの学説がどのような「企業」概念を認識論的な前提としているのか，を簡単にではあるが振り返ることで「企業」概念の変遷史としたい。

特に，三つ目に扱う（批判的経営学説における）個別資本学派に属する片岡生産諸関係説が提起する「企業」概念の意義／到達点と限界については詳しく議論する（片岡 1973, 1992；坂本 2007b）。

そして最後に，片岡説を発展的に継承しながら，批判的実在論（Critical Realism，以下 CR と表現）の社会的存在論を援用して構築した構造的支配─権力パラダイムにおいて，どのように「企業」概念が把握されているのかを議論したい（坂本 2007b）。

Ⅱ. 既存学説が前提にする「企業」概念

「企業」概念の変遷ということを考えたとき，当然ではあるが，「企業」という言葉（概念）は同じであるから，それが意味させている「社会事象」の差異に着目しなければならない。ここでは，経営学説をアメリカ経営学説，ドイツ経営学説，日本における批判的経営学説との三つに分類し，それぞれが「企業」概念で意味させている「社会的存在」の差異について，簡単に議論しておきたい（篠原・片岡 1972；坂本 2007b)[2]。

1. アメリカ経営学・ドイツ経営学の「企業」概念

アメリカ経営学説は方法論的自覚が希薄で，実践性を重視していることから，「客観的法則性の認識」という観点が捨象されている（篠原・片岡 1972, 51-52 頁)。

すなわち，アメリカ経営学説は，時間的な意味では，狩猟社会におけるバンドや農業社会における官僚機構といった協働体系と同一抽象水準で，近代以降の資本主義社会における企業という協働体系を見るし，空間的な意味では，近代以降の資本主義社会における軍隊，宗教団体，国家と同一抽象水準で，企業を見ることになる。

他方，ドイツ経営学説を考えた場合，歴史的に商科大学の講義体系整備との関連で経営学研究が開始されたこともあり，方法論的自覚が強く，アメリカ経営学説の「実践性」とは逆に，著しく「方法論偏重」であった。また，ドイツ資本主義の後進性を反映して，資金調達とその運用といった会計学的思考で企業を見る傾向が強い（篠原・片岡 1972, 105 頁)。

以上より，アメリカ経営学説でいう「企業」概念は，経営諸過程とそれにまつわる意思決定過程すべてを含んだ社会事象を意味させているし，ドイツ経営学説の方は，会計学的思考が強く，資金調達とその運用に関する社会事象に焦点がある。

もちろん，両学説ともに，扱う領域は広がってきていることから対象領域が重なっているところが多くなっているが，批判的経営学説が投げかけた批

判点，マクロな意味での社会が「体制的条件」として企業に対して付与する「歴史的特殊性」とその因果的作用を理論化し得ないという共通する「方法論上の問題点」がある。

2．日本における批判的経営学説の問題意識と射程

　批判的経営学説の場合，アメリカ経営学説・ドイツ経営学説が捨象している「マクロ社会が持つ歴史的規定性からの因果的作用」が企業に与える影響を加味した「企業」概念を構築しようという問題意識がある。

　すなわち，資本運動との関連で，経営学の研究対象である「企業に関する本質規定＝企業に対する原理的な把握」を行おうという方法論的自覚がある（篠原・片岡 1972，111 頁）。

　「企業」概念の刷新が，近代経営学説の発祥，アメリカやドイツではなく，経営学の研究対象規定という形で（批判的経営学説），日本において独自に，昭和初期に開始されたわけである。

　周知のように，批判的経営学説には，個別資本学派と上部構造学派とがあり，企業を概念的にどう把握するのかということを軸に論争が行われた。論争は，史的唯物論における「生産関係」に対する二つの解釈を軸に旋回した（坂本 2007b，26，34 頁）。前者は個別資本学派の創始者とされる中西寅雄的な解釈であり，後者は当時のスターリン的解釈である。

　詳細は坂本雅則（2014a，2014b）に譲るが，皮肉にも共通しているのは，企業における「経営現象」を「生産関係以外の別の何か」で規定している。この共通点は，批判的経営学説の問題意識である「資本運動が与える因果的作用」を実質的には組み込めないことを意味した。

　後者の学派は，生産関係とは全くの別物と捉えることから，企業（組織や管理といった経営現象）とは単なる「社会制度」でしかなく，資本運動に規定されているというマジックワードですべてが説明されてしまい，実質的には近代経営学（アメリカ経営学・ドイツ経営学）と同じ議論内容となった。

　他方，前者は社会経済レベルの資本運動と個別経済レベルの個別資本運動とを中西による「全体と部分」というロジックで識別することで，個別資本運動が企業を規定していると解釈した。

　一見，上部構造学派と異なるように見えるが，中西による「全体と部分」というロジックが，個別資本学派を袋小路に閉じ込めることになった。中西的用語でいえば，企業における社会事象は「経営的側面」を意味し，あくまで社会総資本の運動法則を詳しく描出するための契機でしかなく，そのような意味で，経営学は「経営的側面を含んだ経済学」＝経営経済学というわけである。中西以後の「意識性」（馬場克三）や「使用価値的側面」「独占性」（三戸公）といった議論は「経営的側面」を詳しくする偏差でしかなかった。

3．片岡「企業の生産諸関係」説による「企業」概念の刷新

　このような袋小路から脱出させてくれる学説が1970年代に出現する。片岡信之が唱えた「企業の生産諸関係」説である。

　マルクスの史的唯物論の中核は人類史を「自然史的過程」として位置付けることにある。自然史は進化論的に「宇宙的自然」→「生物的自然」→「人間的自然」へと分化しつつ展開していき，各「個別」的自然は相対的に自立化していて，それぞれ独自の運動法則を獲得すると考える点にある。

　「人間的自然」である「社会」も宇宙的自然，生物的自然から一定程度の規定性を受けながら，相対的に自立した運動法則が作動しており，社会の歴史である人類史における「個別システム」も同じ論理で捉えられる。社会史（人間的自然）は，人間による自然への働きかけによって自立／自律し，宇宙的自然，生物的自然からの影響を受けつつも，特殊運動法則が作動する。「マクロな社会システムの因果的作用」の起動である[3]。

　このようなマルクスの自然史的（進化論的）理解とその展開原理を，片岡は「企業」という社会事象に適用する。すなわち，中西的解釈とは違って，「個別」というのは，「総体」へ吸収されるものではなく，「総体」からの一定の規定性を受けつつ，それ独自の運動法則を獲得すると考え，同じことが人間的自然の一形態である資本制社会システムにおける「個別資本」と「社会総資本」との関係でもいえるとする。

　片岡説において，人間的自然の分化・自立化を生成させる駆動因は，「人間が労働を通じて自然に対して働きかけること（＝生産）」であるとする。詳しくいえば，「対象化された過去の労働につぎつぎと生きた労働を結合す

るという形で，対象化された労働と生きた労働との全体社会的な結合労働の総体を形成しており，人間はそのような結合労働の総体でもって自然を獲得」（片岡 1973, 17 頁）する。

　そうすると，生産物とは「過去の労働の結晶」「蓄積された労働」と解釈でき，労働力・労働手段・労働対象から構成される生産諸要素は「人間労働」を通じてはじめて，「可能的生産力」から「現実的生産力」へ転化する。この転化は自動的に起きることはなく「一定の仕方による活動の交換」＝「生産関係」を通じて達成される（片岡 1973, 7, 16, 32 頁）。このように，商品関係に限定しないで，広義に生産関係を捉える解釈は，批判的経営学説の中でかなり異色であることがわかるだろう。

　では次に，片岡流の生産関係（再）解釈を資本制社会システムに適用すると，企業レベルにおいて，どのような「特殊運動法則」を特定できることになるのだろうか。

　近代以降の資本制社会システムの「歴史的特殊性」は生産諸要素のすべてが商品化していることにあり，万物の商品化が社会におけるすべての生産を資本運動の手段にしてしまう。

　すなわち，「自己増殖する価値の蓄積運動」＝資本運動，が資本制社会システムの運動法則となるわけだが，社会総体（社会経済）レベルにおいて資本運動が作動すると，個別企業（個別経済）レベルにおいてはどのような運動法則が駆動するだろうか。

　個別企業においても，生産諸要素を商品関係を通じて獲得し，生産活動を展開することに変わりはないし，事後的に一定レベル以上の資本蓄積が達成できていなければ，企業は存続できない。そのような意味で，社会総体レベルと同様，個別企業レベルでも，資本運動は駆動し，貫徹していることはいうまでもない。[4]

　しかし，資本運動を必要条件として捉えたところで，それは商品関係の全面化という社会条件から導出できる運動法則であって，個々の個別企業レベルにおける「資本蓄積状況の種差」という特殊な運動法則を描出できたわけではない。ある産業内には多くの個別企業があり，程度の差はあれ，資本蓄積を達成しており，この個別企業とあの個別企業との「資本蓄積状況の種

差」は一体何によって生み出されているのか，は描けていないのである。

　このミッシングリンクこそが，片岡による生産関係「再」解釈である。片岡説の場合，生産関係は「活動の交換の一定のやり方」であったから，個々の個別企業が生産諸要素をモノとして調達する商品関係だけでなく，調達された生産諸要素を人間労働を中心に組織化する関係をも生産関係として把握できることになる。特に後者を，片岡は「企業の生産諸関係」という術語で強調して表したわけである。

　この術語によって，商品関係（生産関係の資本制社会システムにおける特殊形態）の全面化によって起動する社会経済レベルにおける資本運動が，個別企業レベルでも因果的に作用するという同一性を維持しつつ，企業における生産関係を通じて，個別企業レベルにおける資本運動ないし資本蓄積様式の種差性を個別企業毎に異なる生産関係の形態差として把握可能にさせるのである。

　具体的に述べれば，「経営諸資源を獲得する商品関係と製造された労働生産物を販売する商品関係」はいずれも「商品という労働生産物を通じた活動の交換」であるし，企業組織・管理・管理技術・各人間主体の意識的側面等も，獲得された経営諸資源である「死んだ労働」と労働力商品が具体的に作動した「生きた労働」とが結合する「活動の交換」と捉えられるわけである。[5]

　まさに，「企業」概念の片岡による刷新は，個別資本運動の具体的展開形態を可能にさせるだけでなく，批判的経営学説の理論的袋小路からの脱出を可能にさせることも意味するので，近代経営学が持つ「歴史的特殊性」「社会体制が持つ規定性」を捨象した「企業」概念の限界を突破させるものであったと評価できる。[6]

　片岡説は日本の経営学の理論的水準を一段上のステージにまで引き上げた。実際，片岡自身が「所有と支配」論の領域に自らの枠組みを適用し，既存パラダイムを統一しうる視角を打ち出す試みを行っており，それは概ね成功したといえる（片岡 1992）。

Ⅲ. 批判的実在論を援用した「企業」概念の刷新

　もともと，筆者がCRの議論に興味を持ったのは，CRでいう「構造」概念には，「関係」が持つ因果的作用を解釈するやり方に独自性があったからであった。片岡「生産関係」概念の理論的有効性はわかっていたが，そのままでは企業レベルの生産関係の因果的作用に力点が置かれすぎていることで，商品関係が持つ因果的作用との合成力を描出できず，個別企業レベルでの資本蓄積が動的にどのように変化するのかを理論化できていないという問題点があることもわかっていた。

　そこで，CRの「構造」概念を使うことで，片岡説の有効性を維持しつつ，その問題点を超える「構造的支配－権力パラダイム」を構築した。統一論題の焦点は「企業における所有と支配」という社会事象ではないので，ここで，構造的支配－権力パラダイムに具体的内容に触れることはしないが，CRの大まかな枠組み（特に，社会的存在論）に関しては触れざるを得ない。坂本雅則（2007a, 2007c, 2008, 2009a, 2009b, 2009c）を活用しながら，議論したい。

1. 批判的実在論による社会的存在論

(1) 「実在的領域」の設定

　CRは従来の科学的説明様式であるEmpirical Realism（以下，ERと表現）を批判する形で出てくる。ERは存在に関して二層領域論であり，存在は「事象的領域（actual domain）[7]」と「経験的領域（empirical domain）[8]」から構成されると考えている。

　これに対して，CRは存在を三層領域と考える（超越論的実在論；Transcendental Realismの訳，以下，TRと表現）。存在論的に事象的領域より「深い層（deep domain）」を「実在的領域（real domain）」として設定する。

　そして，「事象的領域」で起きる事象を引き起こす，「支配／促進（govern）」している「構造（structure）」が実在的領域に複数あり，それら

諸「構造」はそれぞれ一定の「力（power）」を因果的作用として持ち，それぞれ「傾向（tendency）」的に，ある主体を通じて作用し，それら諸力の合成的結果として，事象が発現すると考える[9]。

　以上のような存在論的前提だと，事象的領域で発現する個別「事象」というのは，（ある特定の「力」を持った「関係」を可能性として内在化させている）「構造」が，ある特定条件下で，ある特定「メカニズム」を作動させ，一定の「傾向」を生み出す。このような「傾向」は複数の「構造」が各々生み出しており，それらが互いに「作用する力」として重なり合い，合成した結果こそが事象（「現実化した力」）であると考える。

　(2)　「社会的領域」への適用

　TR の議論はすべての存在を想定したものであり，必ずしも「社会的」存在に限定したわけではない。既存の科学哲学を社会的存在へ適用して類型化すると，論理的には社会存在論として「下方（主体）還元モデル」「上方（構造）還元モデル」「中間還元モデル」が挙げられる[10]。

　そこで，TR の立場を社会的存在に適用した場合の科学哲学を CR と呼んでおり，TR における「力の形態変動」は，CR においては「TMSA（Transformational Model of Social Activity）モデル」として定式化される。

　人間主体は，自らの目的を達成するための意図的／意識的活動を展開することはいうまでもないが，だからといって，全くの無条件，新規で，ゼロから，社会事象を作り出すわけでもない。

　時間的に先行する社会条件（「社会構造」）を，行動する上での「必要条件」として利用せざるを得ない。ある人間主体は自らが利用する社会構造を形態維持（morphostasis）しようと戦略的行動を展開するだろうし，別のある主体は形態変形（morphogenesis）しようとする。

　そのような意味で，人間主体の具体的な戦略的行動を通じて，社会構造は「再生産・維持／変形・修正」される。社会構造は「INUS 条件[11]」を満たすという意味で，因果的作用を保持した実在であると概念化される（Mackie 1976, p. 309）。

　CR は「社会」ないし「個体」のどちらにも還元しないモデルであり[12]，従来の主意主義的な下方還元モデルでもなければ，構造主義的な上方還元モ

デルでもない，社会構造の「形態維持／形態変形」と人間主体の選択力との「力の形態合成モデル」である。

　両者はある同一体の二つの側面ではなく，ともに一定の自立／自律性を持った「共生関係（symbiosis）」にある実在であり，時間的経過の中で，「人間主体」を通じて「社会構造」が「形態変動」を繰り返していくと考える。社会構造にも人間主体にも還元しないことで，社会事象も「創発的な結果」として表出するのである。

　社会構造は，人間主体の選択や意思決定というタイプの力（動力因）のように，それ自体で力を保持しているわけではないが，人間主体の「潜在的な力」が発現するための必要条件を提供するという意味で（物質因），自らの「潜在的な力」を人間主体の「潜在的な力」と合成させて，「作用する力」を生み出す。

　以上の説明における「社会構造」は，まさに INUS 条件を満たしているといえるだろう。

(3)　「社会構造」の因果的作用形態

時間的先行性と相対的自立／自律性

　TR でいう「構造」は，社会的存在においては「社会構造」として想定される。いかなる個人も自らの社会生活を円滑に行うためには「時間的に先行する一定の社会関係」を通じてしか達成できない。

　すなわち，人間は自らの物的にも精神的にも再生産を行うためには，生産諸手段やそれに関連する知識や協働のあり方，管理様式，それを獲得する社会関係，規範等といった，「人間主体が自らの居場所を見つけ，自らの目的を達成するために活動する，ある特定の社会関係を内在させた社会構造」を所与として利用せざるを得ない。そういう意味で，「人間主体」が発揮する因果的作用には「社会構造」がビルトインされている。

　以上のことから，第一の特徴として，CR では社会構造と人間主体とが共生関係として併存しているが，「時間軸」を組み込むことで，ある特定の時間的条件下で，過去の人間によってなされた諸活動の産物という意味において，あらかじめ時間的に先行して形成されている複数社会構造に，人間主体は直面する，のである（坂本 2007c，38 頁）。

人間主体への完全依存性

　社会構造は，人間主体に還元できないという意味で，相対的に自立／自律性を持ち，因果的作用を人間主体の行動に与える。ここでいう「相対的自立／自律性」というのは，社会構造は人間主体に「完全に依存」しているというCRの存在論的前提である。社会構造は，因果的作用を「可能性」として持つが，それ自体として自発的に作用するという性質のものではない。そういう意味で，人間主体のように，社会構造自体で一定の「実体」を持っているわけではなく，人間行動を通じてしか，自らの形態を維持ないし変形できない。この前提によって，社会構造を「実体化（reification）」してしまう構造還元モデルの問題点を回避する（坂本 2007c，39頁）。

実在の因果性基準

　「構造の主体依存性」というCR的前提は，社会構造の「実在のあり方」に特殊な性質を与える。すなわち，社会構造は，実体が存在しないことで，「直接的に（perceptual criterion）」それ自体が実在性を表出させることができないということである。社会構造が持つ「因果的作用の効果／結果」が「人間主体」を通じて表出されることから，人間主体が抽象力を使って識別することによって（因果性基準 causal criterion），その「実在性」を発見することができる性質のものなのである。

　換言すれば，因果的作用を内在化させている社会構造は，単なる理論的な構築物でもなければ（主体還元論），人間主体と同じような意味での「実体」でもない（構造還元論），「因果的作用が生み出した結果・効果」を抽象力で識別することを通じて，実在的領域で特定される。

　社会構造の実在性に関するCRのこの措定によって，構造還元論のように「人間主体」の因果的作用が無視することなく，むしろ，その「自立／自律性」を担保し，因果的作用として「選択力・意思決定力」が戦略的行動として発揮されることをCRは認める。

　逆に，主体決定論者においては，事象的領域で表出する社会事象が，人間主体の選択力・意思決定力だけの結果であると「見えてしまう」。これは「別の選択をすることで別の効果or結果を生み出すことができた」という意味で，人間主体はそれ自体として自立／自律性を持ち，オリジナルな因果的

作用を発揮できるわけであるが，CR の社会的存在論だと，当該の社会事象には，社会構造の因果的作用がビルトインされていた。

　社会構造は「必要条件」を物質因という形で人間主体に提供しており，その必要条件の範囲内で，当該の人間主体の選択力・意思決定力が十分条件として重なり，具体的な社会事象は表出するのである。

　以上のことより，CR の場合，人間主体の因果的作用を選択力・意思決定力として認めつつ，自らの意図（形態維持ないし形態変形）を実現しようとする存在であると同時に，社会構造を必要条件として活用・利用しながら，その実在性を表出させているという存在論的前提があるのである。すなわち，ある社会事象は，社会構造と人間主体という因果的作用形態の異なる二つの力が合成され，現実化した形態と考える。

2．構造的支配－権力パラダイムにおける「企業」概念

　では，片岡「生産関係」説と CR の社会存在論を引き継いで構築された構造的支配－権力パラダイムにおいては，「企業」という社会事象をどのように描くだろうか。また，片岡による生産関係概念の刷新と CR における社会構造概念を突き合わせると，片岡説では描ききれなかったことをどのように描くことが可能になるだろうか。その点にフォーカスして，構造的支配－権力パラダイムにおける「企業」概念を提示したい。

　企業という社会事象には，多くの利害関係者（人間主体）が関わっており，各々は異なった時間的に先行する条件（社会構造）を前提として活用している。

　資金調達，購買，製造，販売，分配過程といった一連の経営過程を見たとき，それぞれが金融市場，購買市場，労働市場，販売市場が前提となっている。それぞれの市場は，どの時期か，どの国・地域かを限定すれば，特殊な市場条件を設定でき，時空的に特殊な商品関係を前提に各個別企業の利害関係者は経営資源を獲得することになる。

　商品関係が全面化した資本主義社会においては，原則的に各市場から商品関係を通じて，経営資源すべてを獲得する。片岡説でもこのことを前提にしており，個別企業レベルでも資本運動が作動していること，資本蓄積が社会

体制から強制されていることを企業に貫徹する「本質」であると考えているが，この特質は批判的経営学説全体に共通するそもそもの問題意識である。

　片岡説の面目躍如はここからである。商品関係（市場的生産関係）を通じて獲得された経営資源は，企業内で労働力商品を中心に「組織化」され，過去の労働に現在の労働が付加されて，価値増殖が達成される。

　片岡は，この「組織化」＝「過去と現在の労働が交換されるやり方」を企業的生産関係として概念化したのだった。この概念化で，資本蓄積の個別企業レベルのあり方が表現できることになり，個別企業の組織や管理の様式だけでなく経営理念といった人間主体の意識的側面までも，個別企業レベルにおける生産関係の具体的展開様式だと把握でき，個別企業の資本蓄積様式の種差を析出させることができるわけである。

　しかし，問題点もあった。これは当時の理論的膠着点が必ずしもそこにあったわけでもないから，問題点と表現すべきか微妙であるが，片岡生産関係説の提起によって，ある時点における個別企業の蓄積様式を静的な意味で描くことは可能になったが，時間的経過の中で生産関係の形態が動的に変動していくロジックが組み込まれていない。

　まさにここを補うのが CR の社会存在論である。CR を援用した構造的支配－権力パラダイムの場合，人間主体が活用する先行条件という意味の社会構造は「市場的社会構造」と「企業的社会構造」の二つが設定される。

　ある個別企業内のある人間主体は，ある市場における競争条件下の特定企業から，ある経営資源を獲得する。市場的社会構造とはその際の「商品諸関係」を意味する。なお，ここでいう市場というのは，金融，購買，労働，消費の各市場すべてである。

　人間主体というのも，経営資源を獲得するときの融資先・サプライヤー・労働者・取引先・消費者などから企業内の各階層の管理者，労働者まですべてを含む。これら各利害関係者は「選択力・意思決定する力（動力因）」を持つので，一見，社会事象は人間主体だけが引き起こしているように見える。

　しかし，CR の社会存在論（「社会構造」概念）を前提にすると，市場的社会構造だけでなく，企業的社会構造と呼びうるものを前提に選択力が行使

されていると把握できることになる。ここでいう企業的社会構造とは片岡説でいう「企業的生産諸関係」とぴったり重なり，時間的に先行する組織・管理の様式や経営理念などの意識に影響するものまで含められるだろう。

　さらに，CR の社会存在論では TMSA モデルが想定されており，「物質因としての社会構造の因果的作用」と「動力因としての人間主体の因果的作用」とが重なって，「作用する力」を生み出し，複数の「作用する力」が絡み合いながら，「現実化した力」として一つの社会事象を生み出す。時間的推移の中で，社会構造は人間主体を通じて形態変動を繰り返していくと考えていた。

　すなわち，企業という社会事象においては，当該個別企業の各利害関係者（人間主体）は，各々が活用する市場的社会構造（金融市場的，購買市場的，労働市場的，消費市場的社会構造など）と企業的社会構造（先行する各種戦略，管理様式，経営理念など）を利用して，ある主体は自らが依拠する社会構造の形態維持を，別のある主体は形態変形を目指して戦略的行動を展開する。各主体の戦略的行動によって生み出された複数の「作用する力」は相互に絡み合いながら，結果として，その時点における経営行動が「現実化した力」として創発されることになる。

　各個別企業における各市場的社会構造と企業的社会構造の，ある時点におけるワンセット（構造的支配形態）は，個別企業毎によって形態が異なるし，各利害関係者の意思決定に関する力も異なることから，それらの合成力として個々の利害関係者が発揮する「作用する力」は，その時々の個別企業レベルの資本蓄積様式の種差を具体的に表現できることになる。

　また，時間的経過の次の時点では，経営行動の結果として，各市場的社会構造と企業的社会構造は形態変形してしまう。すなわち，次の時点では前の時点の構造的支配形態は変化しているので，各利害関係者はその時点での形態維持か変形かの戦略的行動を迫られるのである。

　このように，CR の社会的存在論を援用している構造的支配－権力パラダイムの場合，各個別企業レベルにおける，ある時点の市場的社会構造と企業的社会構造のワンセットと各利害関係者の戦略的行動との絡み合い，さらにはその時間的経過での形態変動も把握できるから，個別企業レベルにおける

資本蓄積の種差性とその形態変動を，時間的推移も組み込んで表現可能となる。

　片岡説の良質な部分は企業的社会構造として保存しつつ（生産関係概念，資本蓄積の個別性・種差性），片岡説が表現し切れなかった「個別企業レベルにおける経営行動の動態的変動」を構造的支配形態の変形と各利害関係者の戦略的行動との合成モデル（TMSA モデルの応用形態）として描ける枠組みになっていると言えるのではないだろうか[13]。

注

1 ） 本稿は，予稿集を基礎に，発表当日の議論を踏まえて加筆修正したものである。

2 ） 紙幅の関係上，細かい脚注は省かざるを得ないが，篠原・片岡（1972），片岡（1973）などを参照。各学説の位置付けなどの詳しい批判的吟味は坂本（2007b）を参照して欲しい。

3 ） 人類史の 99.9 ％以上を構成する狩猟社会（即時収益システム）は，自然的条件に影響されつつ，バンドを中心とした協働体系を通じて生物的自然に働きかけ，生物的自然を形態変形しつつ，社会的自然を自立化させたものである。そして，原始農耕からいわゆる古代文明（社会的自然）が世界各地に生まれることになる。古代文明が世界システムとして持つ「資本の累積的蓄積作用」が社会的自然の形態変形の駆動因であるという議論を展開し始めたのが，Barry Gills と Andre Frank らの 5000 年世界システム論である。Frank and Gills（1993）やDenemark（2000）を参照せよ。最も「5000 年世界システム」を明確に打ち出しているのがFrank と Gills であり，それに対して「保守的」に「500 年世界システム」を堅持しているのがWallerstein（1974）である。Sanderson（1999）はその中間的立場である。なお，超長期の世界システムを唱える論者は増えつつあるようである。進化論的歴史社会学者である Sanderson（2004）によると，5000 年世界システム論は，歴史社会学的に一つの世界解釈として認められはじめているという。また，坂本（2007a）第 1 部も参照して欲しい。

4 ） このあたりのことを片岡的に表現すると，「本来切り離しえない関係にありながらも，一定の限界の内部においては一方が他方とは独立に変化・運動し，それゆえその範囲内では独自の固有な自立的法則性をもちうる」（片岡 1973, 114 頁）となる。

5 ） 「技術的生産関係」である直接的生産過程における活動の交換関係，「分配関係」である生産物の商品交換関係，「消費関係」，市場における諸関係等，生産活動を生産関係を通じた労働の交換として捉えることで，市場を通じた商品関係も組織内の協働関係も生産関係となる。

6 ） このような「企業」概念の刷新は，社会経済学と企業経済学（経営学）とが，相対的に独立した関係にあることになり，「経営学の学問的自立」を根拠づけるものにもなる。このあたりの議論は今回の統一論題とは強く連動しないので省略した。

7 ） 人間が経験しているかどうかは別にして，ある事象や状況が実際に起きている領域のこと。

8 ） 直接的にしろ間接的にしろ人間が当該「事象」を実際に経験している経験や印象という領域のこと。

9 ） このあたりの「構造と主体の絡み合い」の論理展開こそが CR の中核的に重要な点であり，この部分を発表当日はパワーポイントでかなり詳細に時間をかけて説明したが，紙幅の関係上，割愛せざるを得ない。

10） 「社会」を「個体」の総和であると説明する立場で，存在論的には社会原子論，方法論的には個体主義となる。すなわち，「社会」現象を説明するときには，常に「個体」に還元し，「社

会」は「個体」の行動の単なる総量的結果でしかないとする。下方還元モデルとは逆で，存在
論的には社会実体論，方法論的には総体主義である。すなわち，「社会」現象を説明するときに
は，常に「社会実体or実体としての社会関係」に還元し，「個体」は「実体」の単なる担い手
に過ぎないということになる。デュルケーム的社会実体論に典型的に見られる。二つのモデル
の中間的立場で，「社会」と「個体」とはある同一体の二つの側面であるとし，「社会」は「個
体」を生み出すと同時に「個体」も「社会」を生み出すと考える。

11) 「INUS条件」とは以下のような条件を満たす存在をいう。すなわち，「因果的作用を保持す
る」とは，その存在自体が力を保持している場合だけでなく，「ある特定の社会事象の生成・出
現にとっては十分条件となっているような諸条件のうち，必要条件の部分」も含まれる。

12) 下方還元モデルと上方還元モデルとの折衷ではない。社会構造と人間主体との絡み合い，相
互浸透を重視し，そのためには「社会構造」と「人間主体」をどう概念化し，その絡み合いを
どのように説明するのかが重要になる。

13) 企業の経営行動の動態的変動を描ける枠組みが持つ理論的有効性は，ある特定領域を設定
し，既存の枠組みより説明力の点で有効であることを言わなければならない。様々なアプロー
チやパラダイムの有効性は，社会事象に対する説明力＝「判断の合理性」におくということも
CRの特徴の一つである。筆者は，企業支配論の領域でこれを行ったが，本稿では，紙幅の関
係上，割愛せざるを得なかった。坂本（2007a）で三つのケースを使いながら，既存パラダイム
と構造的支配－権力パラダイムとでどちらが説明力があるのかを詳しく展開している。参照し
て欲しい。

参考文献

Denemark, R. A. (2000), *World System History: The Social Science of Long-Term Change*, Routledge.

Frank, A. G. and Gills, B. K. (1993), *The World System: Five Hundred Years or Five Thousand?*, Routledge.

Mackie, J. (1976), "Causes and conditions," in Brand, M. (ed.), *The Nature of Causation*, University of Illinois Press.

Sanderson, S. (1999), *Social Transformations: A General Theory of Historical Development*, Rowman & Littlefield.

Sanderson, S. (2004), *World Societies: The Evolution of Human Social Life*, Allyn & Bacon.

Wallerstein, I. (1974), *The Modern world-system: Capitalist Agriculture and the Origins of the European world-economy in the Sixteenth Century*, Academic Press.

片岡信之（1973），『経営経済学の基礎理論——唯物史観と経営経済学——』千倉書房。

片岡信之（1992），『現代企業の所有と支配——株式所有論から管理的所有論へ——』白桃書房。

坂本雅則（2007a），『企業支配論の統一的パラダイム——「構造的支配」概念の提唱——』文眞堂。

坂本雅則（2007b），「構造的支配－権力パラダイムの学説史的位置付け（1）」『龍谷大学経営学論集』第47巻第1/2号，21-36頁。

坂本雅則（2007c），「構造的支配－権力パラダイムの学説史的位置付け（2）」『龍谷大学経営学論集』第47巻第3号，27-40頁。

坂本雅則（2008），「構造的支配－権力パラダイムの学説史的位置付け（3）」『龍谷大学経営学論集』第47巻第4号，14-28頁。

坂本雅則（2009a），「構造的支配－権力パラダイムの擁護（1）——川端久夫先生の批判への返答——」『龍谷大学経営学論集』第48巻第4号，12-23頁。

坂本雅則（2009b），「構造的支配－権力パラダイムの擁護（2）——川端久夫先生の批判への返

　　答──」『龍谷大学経営学論集』第 49 巻第 1 号，23-36 頁。

坂本雅則（2009c），「構造的支配－権力パラダイムの擁護 (3)──川端久夫先生の批判への返
　　答──」『龍谷大学経営学論集』第 49 巻第 2 号，1-18 頁。

坂本雅則（2014a），「個別資本の「具体化」と資本運動の「個別性」(1)──中西寅雄学説の批判的
　　吟味──」『龍谷大学経営学論集』第 53 巻第 2 号，1-17 頁。

坂本雅則（2014b），「個別資本の「具体化」と資本運動の「個別性」(2)──中西寅雄学説の批判
　　的吟味──」『龍谷大学経営学論集』第 53 巻第 4 号，9-19 頁。

篠原三郎・片岡信之（1972），『批判的経営学』同文舘出版。

3　21世紀の企業観
——グローバル社会における corpus mysticum——

中　條　秀　治

Ⅰ．はじめに

　イスラエルの歴史学者ユバル・ノア・ハラリ（Harari 2014, 2016, 2018）の三冊の本が世界的なベストセラーとなり注目を浴びている。ハラリは生物種として取るに足りなかったホモ・サピエンスが認知革命・農業革命・科学革命を経て，今や地球を支配し，神の領域に進もうとしているという。では取るに足りないホモ・サピエンスの力の源はどこにあったのか。ハラリは，神話・物語などのフィクション（Fiction）を生み出し，それを人々が共有し協力関係を作り出すことで大集団を成立させたことこそが人類の発展を説明するという。

　ハラリの語り口は非常に明快である。宗教・国家・貨幣・株式会社などすべては Fiction であり，そのような物語を人々が共有し，そのフィクションが信じられている限りでその方向で社会が動き，時代が動く。しかし，そのフィクションが信じられることがなくなれば，我々は新たなフィクションを必要とし，新たな方向に動き出す。ハラリは人類史を貫徹するこの原理をサピエンス全史として整理してみせた。

　国家・貨幣などをフィクションと捉える考え方は，マックス・ウェーバーなどがすでに指摘しているところではあるが，人類の歴史そのものがフィクションにより展開され，フィクションを信じ，協力関係を広げる認知能力こそがホモ・サピエンスの力の源泉であったのだとして人類史を整理されると，目から鱗でありその慧眼には舌を巻かずにはいられない。

　20世紀の物語としては，ファシズム（全体主義）・ソーシャリズム（社会

主義）・キャピタリズム（資本主義）があり，まずファシズムが消え，社会主義と資本主義の物語では，資本主義が残り，ここでフクヤマにより「歴史の終わり」が語られた。しかし，勝ち残ったはずの資本主義というこの物語もネオリベラリズム（新自由主義）へ傾斜するにつれて輝きを急速に失いつつある。「世界は一つになる」という美しい物語も貧富のただならぬ拡大やおびただしい数の移民の大移動の前に，悪い夢だったのかもしれぬと思い知らされるような状態にある。

　ハラリの現状分析は，今は信ずべき物語がなくなり，どこにも新たなビジョンを見つけられない状況にあるという。それ故，多くの国家は過去を振り返るナショナリズムで国家をまとめようとする動きの中にあるという。しかし21世紀の世界が直面する重要課題はハラリによれば，核戦争・地球温暖化・テクノロジーの拡散であり，これらの解決にはグローバルなレベルでの協力関係の枠組みづくりが不可欠であり，ナショナリズムに回帰することでは問題の解決には至らないと分析する。

　21世紀の企業観を考える場合，世界中の人々に幸せをもたらさないことが明白になっている新自由主義の企業観をまずは捨て去らねばならない。そして，21世紀の企業が国境をこえて活動することを考えるならば，企業をめぐるグローバルな課題の解決を前提とした枠組みが話し合われねばならない。

　ここでグローバリゼーションがモノカルチャーの進展と経済発展至上主義に毒されたアメリカ発の「グローバリズム」という新自由主義的なイデオロギーを意味するなら，このような動きには疑いの目を向ける必要がある。私の主張は近年日本でもしばしば耳にする「会社の目的は金儲けである」とか「会社は株主のものである」といった教条主義的言説について疑いの目を向けてもらうことであり，このような株式会社観からは人々を幸せにする物語を紡ぎ出すことはできないということである。我々は，もっと真っ当で善良な物語を必要としている。富の集中が社会での許容限度をすでに超えている以上，現在流布されている新自由主義的会社観は21世紀の企業観としては到底容認できるものではないと考えるものである。

　21世紀の企業観を考える場合，一部の人間を極端に利する米国流の「株

主主権」の会社物語に替えて，それとの対抗関係の中で語られ続けられてきたもう一つの「公器」としての会社物語を取り上げる必要がある。それは株式会社発生史の本道の議論である corpus mysticum の物語であり，法人としての「会社それ自体」を主体とする物語である。

Ⅱ．株式会社発生史をめぐる二つの見解——単線型と複線型——

1．単線型

　経営史の大家久雄は，「個人企業→合名会社→合資会社→株式会社」の流れを株式会社発生史とする立場をとる（大塚 1969，144 頁）。彼は，資本結合の様式として会社の違いを理解し，資本結合が高度化する順番に，会社形態を単線的に並べて見せたのである。この「単線型」モデルについては，大塚自身が，「このシェーマは，かつて『俗受けはするが，何の根拠もない』学説とされていたフィックの所説の復活ともみられうる」（同上）と認める。

　大塚の問題点は company と corporation のそれぞれの会社観がどのような物語を語るのかというストーリーの重要性を認識せず，「資金の結合」と「資本の論理」というストーリーで全ての会社形態が理解できると考えた点にある。大塚は「人的会社」と「物的会社」の区別や，「法人格」という株式会社を考える場合に決定的と思われる概念について，それを法律家の「たわごと」としてほとんど重視していない。

2．複線型

　会社形態発展史に関するゾムバルトの考えでは，「合名会社と株式会社は，その発生において，端初より成果に至るまで，全く別々な二つの流れを形造る」とみるのであり，「いわば，それは『合名会社か，株式会社か』の二者択一として定式化せられうる」（大塚 1969，79 頁）ものである。つまり，「複線型」の株式会社発生史は，① ソキエタス⇒合名会社の流れ，② コンメンダ（合資会社）⇒株式会社の流れである。

　統合型のジルバーシュミットの主張は，ソキエタスは多数のコンメンダ出資者を集めることによって拡大し，会社企業の拡大の中にソキエタスがその

姿を消し，「ここに法人（Rechtsperson, Korporation）としての株式会社が現われ，企業職能は全く個人性・人的性質より解放せられて，法人としての出資者の総体，すなわち『企業自体』に移り行く」（大塚 1969, 99頁）というものである。

Ⅲ．二つの会社観——company と corporation——

1．company の会社観

company は pan を共にするという仲間である「人の集まり」を概念化した「人間中心」の会社観である。歴史的には societas の人的結合の発展型であり，全てが出資者であり経営に直接参加し，無限責任を負う組合的性格の会社である。company は人的会社であり，合名会社に相当し，合資会社のように有限責任社員がいる場合でも，無限責任社員が会社の実体となる。

2．corporation の会社観

これはキリスト教由来の corpus mysticum（神秘体）の概念を援用して，「人間以外の観念（法人）」を立ち上げる会社観である。

(1)　corpus mysticum

神秘体（corpus mysticum）の物語は，聖餐論争の過程で，ラトラムヌスが「苦しみを受けた肉体がキリストにとって『固有の真なる体』であるのに対して，聖餐はキリストの〈神秘体〉である」（Kantorowicz 1957, 翻訳書, 258頁）と表現したことで普及するようになったという。つまり聖餐式におけるパン（hostia）が corpus mysticum（神秘体）と呼ばれたのであるが，歴史的な交錯の後，「キリストを頭とする教会」として「教会」そのものを意味するものとなる。その後，国家が神秘体の観念を援用して，永遠性を主張する「神聖なる帝国」を標榜するようになる。やがて永遠性と法人性を志向する社会勢力，例えば都市や大学や会社にもこの概念が援用されてゆく（Kantorowicz 1957）。

神秘体の概念で大切なのは，① 神秘体の「実在性」，②「死ぬことがない」という「永続性」，③「神秘体の財産」の独立性，④「機関」による運

動，といった特性である。

(2)　corpus mysticum としての corporation の概念

株式会社（corporation）は人間を超える観念を立ち上げる会社観である。中世キリスト教由来の corpus mysticum の概念が株式会社に援用されているがゆえに，corpus mysticum の特性そのものが株式会社（corporation）のメルクマールとなる。

①法人格を持つ社会的実在性，②人ではないために適正に経営されれば，「死ぬことがない」という意味の「永遠性」（ゴーイング・コンサーン），③「会社それ自体」の財産，④会社機関による運動（株主総会・取締役会・監査役会）。

Ⅳ．法人格と「会社それ自体論」

1．法人論争

カントロビッチは，神秘体という「身体」（corpus）の議論を飛び越えて，一挙に「人格」（persona）の議論に進むことを戒めている。神秘体の議論を経ないで，いきなり「法的人格」を持ち出すような考え方は「用語法自体がこれを許さないのである」（Kantorowicz 1957，翻訳書，349頁）と述べている。要するに，corpus mysticum という観念が法人格の基礎にあるのである。

会社の法人性についての解釈は，①法人擬制説②法人否認説③法人実在説の三つがあり，そのどれが正しいかで論争があった。

これをハラリの学説で理解すれば，答えは明瞭となり，③法人実在説となる。

フィクションにしかすぎない会社を心から信じることで，それが非常に強力な影響力を持つ社会的実在となるのであり，これはわれわれの経験とも一致する。

これに対して，①法人擬制説については，会社は擬制（フィクション）であるとの物言いはその通りなのだが，あくまで法律上の擬制にしかすぎないというスタンスをとっており，法人というフィクションの実在性を信じ

切っていないという意味で，「会社それ自体」が確固とした社会的事実として扱われないところに不十分さが残る。それゆえ，この立場に立つと，法人には犯罪能力はないとするのである。

②　法人否認説は人間の営みの中からフィクションを排除することが合理的・論理的といった発想をするのであり，ホモ・サピエンスの力の源泉への理解に欠けた想像力なき解釈というしかない。

2．「会社それ自体論」

株式会社は「会社それ自体（法人）」というフィクションを立ち上げて，それを法制度・社会制度に組み込んだものである。「会社それ自体」の存在意義は営利追求を原動力として，社会が必要とする財とサービスを提供する「社会制度的存在」であると考えられる。この物語では，「株主主権」などという発想は出てこず，主権は「会社それ自体」にあるがゆえに，株式会社制度を保証するガバナンスの仕組みが必要となる。株式会社が永続する社会制度体として考えれば，社会における様々な利害関係者に目配せする「ステークホルダー論」の立場となる。

会社それ自体論の系譜には以下のものがある（大隅 1975）。1910 年代，ラテナウは「大企業公器論」を提唱し，「大企業が出資者の利益を超越した公共的意義をもち，経営者はその公共的利益の受託者として行動すべきものとなった」と述べ，ハウスマンはこのような企業概念を「企業それ自体（Unternehmen an sich）」と表現した。ランズベルガーは，「株主の私的利益の集計を超えて自己価値化・自己目的化する『生きた組織』としての『会社自体』の成立とそれの法的体現・人格化としての『会社自体』の概念」を提唱した。マルクス主義学者であるバランとスージーは「今日の真の資本家は，個々の実業家ではなくて株式会社である」と述べ，カトラーは「『会社それ自体』が実質的な所有主体であり行動主体」であると主張した。アルバッハは，「今日のドイツにおいて，『会社自体』企業それ自体の概念は社会的現実であり，企業をその所有者から分離する過程はほとんど終了している」（吉村 2012, 75 頁）と述べている。日本における「会社それ自体論」は川合一郎・石渡貞雄・富盛虎児・北原勇・片岡信之などにより展開されて

いる。

　「会社それ自体」がそもそもフィクションであるという捉え方をしなければ，勝部（2004）が詳しく分析し最終的に到達したような「極めて曖昧で，理解不能」な概念という理解にとどまる事になる。勝部には，「会社それ自体」が支配主体という話の筋も腑に落ちることなく，経営者を常に人間として捉えており，「会社の機関」として正しく位置付ける見方ができないでいる。経営者を会社機関として位置付ければ，経営者は会社のために働かねばならないのであり，機関としての機能を忘れ，生身の人間として自己利益を追求してはならないとする株式会社のガバナンスのロジックは簡単に理解できるはずである。

　株式会社という概念には，生身の人間は一切関わらないということがなかなか理解されない。どうしても人は株式会社を company と混同して「人間の営み」として理解しようとする。株式会社は法人格を持つ観念体であり，それを制度化したのが株式会社制度である。株式会社を動かすのは，すべて機関である。株主総会は意思決定機関であり，取締役会や監査役会も機関である。代表取締役社長は会社の代表権を持つ執行機関の長である。従業員は会社と雇用関係にある使用人（利害関係者）ということになるが，社長以下の執行機関に編成されて組織成員となる。

Ⅴ．株式会社をめぐる二つの物語

　株式会社を巡って，その制度の導入以来，二つの物語が語られてきた。一つは，「自己利益の追求のための会社」であり，他は「公器としての会社」である。

1．自己利益の追求のための会社観

　株式会社の導入期の立役者の一人である岩崎弥太郎は自己利益の追求という会社観を持っていた。岩崎は，個人の利益追求の道具としての会社を考えており，会社は個人のものであり，家産であるとした。弥太郎は株式会社の本質をよく理解していたのかもしれない。だから，自分の三菱汽船会社は体

裁としては会社であるが，実質は個人財産であり岩崎家の家産であると宣言したのである。

　「立社体裁」の第一条に「当商会はしばらく会社の名を命じ会社の体を成すと雖も，その実全く一家之事業にして他の資金を募集して結社する者と大いに異なり，故に会社に関する一切之事及び褒貶黜陟等都て社長の特裁を仰ぐべし」。第二条「故に会社之利益は全く社長の一身に帰し，会社の損失も亦社長の一身に帰すべし」（中野 2010, 231-232 頁）とある。その後，「三菱合資会社」となり，法人格を得るが，その根本の考え方と実態は弥太郎の息子と実弟が折半した出資金による同族個人企業と考えられる。

　自己の欲望を肯定し，利己的利益追求を原動力とする市場主義はアダム・スミスを本家として，ハイエクなどの自由主義を踏襲する。これらの賢人の議論には耳を傾けるべき考えが散りばめられている。しかしハイエクの弟子と言われるミルトン・フリードマンに至ると，新自由主義の思想的語り部として，その語り口は「会社の目的は金儲けである」・「会社は株主のものである」・「株主の利益を最大化するために，あらゆる勢力を注ぐことが企業の義務であり道徳である」などと臆面もない。これを受けて，近年の新自由主義の旗振り役となった研究者のコーポレート・ガバナンスへの論調も，「日本企業は，・・・利益をとことん追求する経営を放棄してきた」（若杉 2004, 3頁）と苦言を呈し，「利益の最大化」に舵を取れ，「資本主義経済の原則である資本収益性の追求」を肝に命じよと経営者にハッパをかけるものである。

　米国流の株式会社観は，本来，人を超えたフィクション（corpus mysticum）であるはずの corporation を「人の集まり」としての company の会社観と混同し，corporation を「株主の集まり」として理解し，「会社は出資者である株主のもの」と主張し，「株主主権」・「株主価値の最大化」を主張する。そして経営者の正当性は株主の委任による「代理権」にあり，株主の利益のために経営者は働くのであり，それに成功すればたっぷりと報酬を受け取るのは当然であるというストーリーを展開する。会社は株主と経営者の利益を追求する道具という物語なのである。

　経営史家ウィリアム・ラゾニックが調べたところによれば，S&P500 のうちの 459 社の 2001-2010 年の調査で，利益の 94％を配当または株式の買い

戻しにより株主に分配していたという（トッドほか 2014，89 頁）。このような「タコ配」が「株主主権」・「株主価値の最大化」の実態なら，こんなことを続けていては，株主とそれと組んだ経営者が会社を食い物とし会社の寿命を縮めているのであり，株式会社の本質であるゴーイング・コンサーンの理念はとても実現できているとは思われない。

2．公器としての会社観

「株主主権の会社観」に対して，「世のため，人のため」という利他的動機を原動力とする「公器としての会社観」がある。渋沢栄一の考え方がまさにこれである。

「自分は常に事業の経営に任じては，その仕事が国家に必要であって，また道理に合するようにしていきたいと心掛けて来た。仮令その事業が微々たるものであろうとも，自分の利益が少額であるとしても，国家必要の事業を合理的に経営すれば，心は常に楽しんでことに任じられる。ゆえに余は論語をもって商売上の『バイブル』となし，孔子の道以外には一歩も出まいと努めて来た。それから余が事業上の見解としては，一個人に利益ある仕事よりも，多数社会を益してゆくのでなければならぬと思い，多数社会に利益を与えるには，その事業が堅固に発達して繁昌して行かなくてはならぬということを常に心していた」（渋沢 2008，239-240 頁）。

アメリカに目を転じる時，アメリカ自動車産業の父フォードが「公器としての株式会社」という立場に立ち，株主主権のダッジ兄弟との法廷闘争を戦った史実に驚かされる。ダッジ兄弟はフォードの利益処分案に反対し，次のような論理で法廷闘争に打って出た。

曰く，「消費者が払いうる最高の値段で販売するのが営利企業の任務」であり，「また配当ではなく，設備投資の方を抑制すること，高い利益に釣り合うように高い配当を実施すること」（吉村 2012，172 頁）であった。

フォードの言葉がある。「本当の事業家であるならば，社会全体の利益を考え，社会に奉仕し，貢献することを第一に考えるべきなのだ」（フォード 2000，203 頁）・「産業の主な機能が，製品を作るのではなく配当を生むことにあれば，それは基本的に誤りなのだ。会社は株主の方ばかりに向いて，消

費者には顔を向けないことになる。これは産業の第一の目的を否定すること
だ。」（同上，565-567頁）

　フォードは株主主権の立場に立つダッジ兄弟との裁判に負け，この判
決がアメリカの株主主権の会社観の流れを作る判決となる。この判決は
company と corporation の違いを理解していない裁判官の判断ミスだと思わ
れるが，株式会社が「公器」から「私益」のみの存在に成り下がる契機を作
る重大な判決であった。その後，フォードは，1956年の株式公開に際して，
議決権に違いのある種類株を発行することで，一般株主の議決権の比率を抑
えて株主の経営への影響力を制限するという対抗策を講じている。このやり
方は，現在，グーグルやフェイスブックなどでの一部企業でも取られている
という（吉村 2012，181-187頁）。

　戦後の経営学ブームの時代，「マネジメントを作った男」として知られる
ドラッカーは，利益を未来費用とし，会社を社会制度体とする会社観を提示
することで，「公器としての会社観」の立場から多大な貢献を経営学にもた
らしている。

VI．おわりに──21世紀のグローバル企業の課題──

　ロバート・ライシュは「超資本主義」が暴走しているという。法人として
の会社が企業献金やロビー活動を通じて，アメリカの民主主義の政治プロセ
スを歪めているという。米国の発想である「グローバリズム」が喧伝され，
株主と経営者のみに富を集中しているという。2011年時点で，上位1％富
裕層の140万人の節税額が残りの1億4089万人の納税者の所得総額より多
かったとも指摘する（Reich 2012，翻訳書，10頁）。株式会社の暴走を怒る
ライシュであり，その暴走を止めるための具体的提言をしているが，「会社
の目的は金儲けである」とか「株式会社は株主のものである」という物語に
ついては，新自由主義の権現のフリードマン同様に，それを固く信じ込んで
いるようである。

　現代社会を動かす国家・貨幣・株式会社はすべてフィクションであるとい
う気づきがもたらすものは，不都合なら信じることをやめれば良いという単

純な事実である。

　ハラリは，一つのフィクションが突然に新しいフィクションに取って代わられることがままあるという。それゆえ，フィクションに振り回されないようにすべきだともいう。そして，フィクション（fiction）と現実（real）を見極めるのは簡単で，それは「苦痛（suffering）」を感じるかどうかを考えれば良いという。株式会社が潰れたとして，会社それ自体は「苦痛」を感じることはない。苦痛を感じるのは，経営者であり，従業員であり，取引業者であり，その会社の財とサービスを楽しみにしていた消費者などの生身の人間である。

　苦しんでいるものこそがリアルな存在であり，リアルなものに幸せをもたらす方向で株式会社というフィクションを再構成することである。それには，まずは，「会社の目的は金儲けである」とか「会社は株主のものである」という物語を信じることを止めるところから始まるはずである。多くの人々に「苦痛」しかもたらさない「株主主権」の物語に変えて，我々は，「株式会社は公器」であり，「株式会社は誰のものでもなく，『会社それ自体』が社会制度体として社会のために経営される」という物語に切り替えるようにしなければならない。

　ここで改めて株式会社というフィクションの存在意義を考えるとき，会社のために自殺したり，過労死したりするほどに会社というフィクションを信じてはならないのはいうまでもなく，会社のための自己犠牲という発想も行きすぎてはならないということがわかる。黎明期の株式会社という存在は，多額の資金が必要でしかも公益性のある運河や鉄道や鉱山や銀行などであり，広範囲の人間の幸せをもたらすものとして創造されたものである。フリードマンのように，株主のためだけの会社という物語を語り，働く人々やその他大勢の利害関係者に「苦痛」を与えることを正当化して，人々を煙に巻く悪を我々は知るべきである。そのような新自由主義者の物語，つまり多くの人に苦痛しかもたらさないような物語に我々はいつまでも付き合う必要はないのである。

　21世紀の企業観としてどのような物語を我々は必要としているのかについて考えてみよう。

1．グローバルな課題の存在

ハラリ（Harari 2016, 2018）は，21世紀の人類の課題は核戦争・地球温暖化・テクノロジー問題であるという。まず，核戦争の問題は政治の問題であり，原子力に関わらない企業にはそれほど問題とならないかもしれない。次の地球温暖化という生態系に関わる問題には，ある程度の対応が必要かもしれない。環境問題は21世紀の企業の課題であり，地球温暖化に関わるエネルギー問題は世界のエネルギー政策の変化（脱原子力発電・自然エネルギー）に対応したものである必要がある。

テクノロジー問題に関しては，①AIやロボット工学の進展で労働力として「無用な階級（useless class）」を生み出す可能性，②AIとバイオテクノロジーの融合による「人間性のハッキング（Human hacking）」，すなわちバイオセンサーなどによる個人データの集積によって人間性に関わるアルゴリズムの研究が進化し，「ブラック・ボックス」としての人間性の扉が開き，人間の監視や心の操作が極限まで高度化する「デジタル独裁（digital dictatorship）」に至る可能性，③遺伝子工学における研究やロボット兵器の開発をいかに規制するかの問題などが指摘されている。

ハラリは，これらグローバルな問題にはグローバルな協調が不可欠であり，ナショナルレベルでは問題解決できないとする。21世紀の企業もこの発想を共有する必要がある。

2．グローバルなガバナンスの枠組みの必要性

21世紀の企業観，つまり「公器」あるいは「利害関係者型」に立って，「株主主権」の新自由主義者なら考えたくない政策を考えてみよう。

① 経営者の報酬の上限規制と一般従業員の平均給与との連動および累進課税の強化

② タックス・ヘイブンへの利用禁止　タックス・ヘイブンへの逃避規制法

③ 法人の政治献金の禁止および企業ぐるみ選挙の禁止

④ 法人実在説による法整備および犯罪に見合う罰金額の制定

⑤ 不正な会社が社会的に淘汰される「情報公開システムの構築」

（WikiLeaks のようなもの）および内部告発制度における告発者の保護法

3．株式会社に変わる企業形態

　NPO，NGO などのように，会社という営利目的の企業形態を取らない組織が生まれている一方で，会社という企業形態を選択する場合も社会的貢献を企業目的の第一に掲げ，企業利潤の極大化を目指さないことを定款に書き入れる新しいタイプの会社が生まれている。それら活動を主導するのは，社会起業家と呼ばれる人々であり，低収益有限会社（Low-profit, Limited Liability Corporation：L3C）や B corporation（社会貢献企業の認証機関）の活動として拡大しつつある。

参考文献

Bakan, J. (2004), *The Corporation*, Free Press.（酒井泰介訳『ザ・コーポレーション』早川書房，2004 年。）

Drucker, P. F. (1946), *The Concept of the Corporation*, John Day Company.（岩根忠訳『会社という概念』東洋経済新報社，1966 年。）

Harari, Y. N. (2014), *Sapiens: A Brief History of Humankind*, Harvill Secker.（柴田裕之訳『サピエンス全史』河出書房新社，2016 年。）

Harari, Y. N. (2016), *Homo Deus: A Brief History of Tomorrow*, Harvill Secker.（柴田裕之訳『ホモ・デウス』河出書房新社，2018 年。）

Harari, Y. N. (2018), *21 Lessons for the 21st Century*, Penguin Random House UK.

Kantorowicz, E. H. (1957), *The King's Two Bodies: A Study in Mediaeval Political Theology*, Princeton University Press.（小林公訳『王の二つの身体（上・下）』ちくま学芸文庫，2003 年。）

Reich, R. B. (2012), *Beyond Outrage*, The Sagalyn Literary Agency.（雨宮寛・今井章子訳『格差と民主主義』東洋経済新報社，2014 年。）

岩井克人（2003），『会社はこれからどうなるのか』平凡社。

岩井克人（2005），『会社はだれのものか』平凡社。

植村達男・金児昭（2007），『株式会社はどこへ行くのか』日本経済新聞社。

大隅健一郎（1975），『新訂・会社法概説』有斐閣。

大塚久雄（1969），『大塚久雄著作集　第一巻　株式会社発生史論』岩波書店。

奥村研（2005），『会社を買うのは悪いことか』太田出版。

奥村宏（2005），『会社は誰のものでもない』ビジネス社。

片岡信之（1992），『現代企業の所有と支配』白桃書房。

勝部伸夫（2004），『コーポレート・ガバナンス論序説』文眞堂。

渋沢栄一（2008），『論語と算盤』角川文庫。

高橋俊夫（2006），『株式会社とは何か』中央経済社。

中條秀治（1998），『組織の概念』文眞堂。

中條秀治（2005），『株式会社新論——コーポレート・ガバナンス序説——』文眞堂。

中條秀治（2007），「法人論争とはなんであったか——稲村毅による『株式会社新論』批判への反論（1）——」『中京経営研究』第17巻1・2号。

中條秀治（2008），「株式会社は誰のものか——稲村毅による『株式会社新論』批判への反論（2）——」『中京経営研究』第17巻1・2号。

中條秀治（2011），「株式会社団体論と資本主義の未来——会社観の変遷と資本主義の可能性——」『中京経営研究』第20巻第1・2号。

中條秀治（2013），「団体概念の起源——神秘体（corpus mysticum）とは何か——」『中京経営研究』第22巻第1・2号。

中條秀治（2015），「株式会社の起源——大塚久雄『株式会社発生史論』の再検討——」『中京経営研究』第24巻第1・2号。

中條秀治（2016），「株式会社の本質——corpus mysticumとは何か——」『経営学論集』第86集，千倉書房。

ドーア，ロナルド（2006），『誰のための会社にするか』岩波新書。

トッド，E. ほか（2014），『グローバリズムが世界を滅ぼす』文藝春秋。

中野明（2010），『岩崎弥太郎「三菱」の企業論——ニッポン株式会社の原点——』朝日新聞出版版。

平川克美（2005），「会社は誰のものでもない。幻想共同体としての会社という視点」『会社は株主のものではない』洋泉社。

広田真一（2012），『株主主権を超えて』東洋経済新報社。

フォード，ヘンリー著／豊土栄訳（2000），『20世紀の巨人企業家ヘンリー・フォード著作集』創英社。

吉村典久（2012），『会社を支配するのは誰か』講談社選書。

若杉敬明（2004），『株主が目覚める日』商事法務。

4　経営学における労働概念の考察
——労働から仕事・キャリアのマネジメントへ——

庭　本　佳　子

Ⅰ．はじめに

　本稿は，経営学史学会第27回大会における統一論題報告に基づき，経営学における労働概念が「歴史的展開過程でいかなる取り扱いを受けてきたのか[1]」をたどり，その変遷を踏まえて経営学にどのような展開可能性が考えられるかを問うものである。

　この問いにこたえるために，本稿では，とりわけ労務管理および人的資源管理において，労働過程のどのような側面がマネジメントの対象となってきたのか，働く人々の労働実践がどのように考察されてきたのかに焦点をあてたどっていく。そうすることで，これまでの人のマネジメント論の概念体系と経験世界における労働との相互影響が描き出され，労働概念が有する意味合いの強化あるいは変容を適切に捕捉し得ると思われるからである。

　従来，経営学における「労働」としては，生産活動としての「労働」，主に資本主義的生産様式の下での賃労働の形態や労働過程が考察の対象であった。それが今日では，社会科学の諸研究領域の様々なコンテキストにおいて「働くこと」をテーマにした幅広い議論が展開されている[2]。また近年では，政府主導で労働時間の短縮，正規と非正規社員の格差是正，労働人材不足の解消を目指すといったいわゆる「働き方改革」が叫ばれており，多くの日本企業でも多様な働き方を促進する諸施策が導入されている。

　しかし，多方面からの「働く」ことへの関心が続いている一方で，今日の経営学では「労働」という言葉が真正面から取り上げられることは以前より少なくなっているように思われる。とりわけ，人的資源管理論領域において

は,「働く」ことや「働く人々」に関するマネジメント上の諸問題は,多く
が「仕事」や「キャリア」といった言葉で論じられるようになっているので
ある。

こうした背景として,筆者は主に2つの要因があると考えている。第一
に,労働形態および労働実践における多様化が進み,労働概念をこれまで枠
づけてきた時間,賃金,労使関係等の諸要素のみでは,多様な労働現象を捉
えきれなくなっていることである。第二に,近代以降の労働の効率化・市場
化がますます進む一方で,既存の組織の枠を超えて仕事を通した新たな協働
の関係性が人々の間に構築されるようになっていることである。

以上の問題意識を踏まえて,本稿ではまず,近代以降の労働観と労働現象
を確認し(第2節),労務管理および人的資源管理がどのように「労働」の
マネジメントを行ってきたかについて検討を加える(第3節)。これを踏ま
えて,今日の労働現象とマネジメントを捉え,そのマネジメントの展開可能
性を考察し(第4節),結論と今後の課題を示す(5節)。

Ⅱ. 近現代社会[3]における「労働」と「仕事」

1. 近代以降の労働観

「労働」という言葉は,通常,(しばしば労苦を伴いながら)何らかの有用
財を生産する活動という意味で用いられている(菊野 2003)。もっとも,ア
レントが,生命体として環境に働きかける内発的な人間の能力の基本的要素
を労働(labour),仕事(work),活動(activity)と区分するように,人間
の多様な生活実践は labour としての労働には限られない(Arendt 1958)。

労働は,生命過程において生きるために消費財を作るものであって日常的
反復性をもつ。対して,仕事は人間の生活基盤となる制作活動によって「人
工的」世界を作り出す。さらに活動は,仕事が作り出した共通の事物を土台
にして,人と人との関係性の中で自由に紡ぎ出される。本来,人間の生活実
践は,物質的ないし技術的生産活動としての労働にとどまらず,活動に参与
する当事者の意識や行為,経験の解釈等の社会関係の総体として捉えられる
のである。

このように,「労働」が本来持っている限定的意味に関連して今村 (1988) は, 人間が生物体として生きていくためには否応なしに行わざるを得ないという意味で, 労働は自由ではあり得ず必然的に奴隷的活動であるという。今日においても, この消費と一体になった労働観は変わらず影響力を持ち続けている。

もっともこうした労働観は, ウェーバーが明らかにしたプロテスタンティズムの経済倫理を背景として変容していく。曰く, プロテスタンティズムの世俗内禁欲は, 無頓着な所有の享楽に全力をあげて反対するが, その反面, 財の獲得を伝統主義的倫理の障害から解き放ち, 利潤の追求を合法化するのみでなく直接神の意思に沿うものと考える (Weber 1920, 翻訳書)。労働を実行することに利潤獲得の動機はなく利潤費消の動機もないからこそ, 利潤は蓄積され再投資に回される。こうして資本主義の精神である経済合理性が育まれたのである。

さらに, 近代市民社会の発展と資本主義的市場経済の進展に伴って, アトム化した個々人の生活が商品・貨幣・資本という経済的価値形式で包摂されると, 労働はすべての生産性の源泉となってゆく。資本主義的な市場経済の下では, あらゆるものが交換価値として同質化され, 労働は価値を生む生産的活動として捉えられる。すなわち, 労働も仕事も活動も交換価値をもって量的測定の対象となり, とりわけ労働が中心となって社会全体を動かす。これを今村 (1988) は「労働社会」とよび, 仕事, その他のあらゆる人間的活動がすべて労働に一元化され人間活動の合理化・効率化を促進したという (184 頁)。

2．資本と労働

資本主義の精神の下では, 人間の活動は価値を生み出すべきものであってより多くのものをより効率的に産出していかなければならない。とりわけ, 労働過程は消費財や有用財の生産を目指す経済過程であって技術的過程でもある。そこで, 活動力としての労働力, 労働生産性, 労働時間, 労働者といった, 労働の技術的生産的過程を構成する諸要因が切り出され, 分析されていくことになる。

　また，近代資本主義経済において，労働の生産物は商品として交換される。生産物を生産する労働力も商品となり，労働量によって大小が測定される。労働力の売買は一定の時間を基準にした労働への対価としての賃金を通して行われ，労働力の使用は資本家の指揮のもとに行われる。労働力商品は，自己の労働力の価値以上の価値を生産しうるが，賃金は一定時間の労働の対価として支払われるために，資本家は剰余価値を私的に占有しうる。この剰余価値の獲得に向けて，労働時間の延長や労働強化による方法と，労働生産性の向上による方法が考えられたのである（奥林ほか 1992，13-16 頁）。

　資本家は生産手段の所有者であって，労働者から購入した商品としての労働力を生産過程で生産的に消費することによって資本の価値を増殖させていく。対して，賃労働者は，労働契約を遂行するために自分の意思に基づいて資本に従属し生産手段を有益に消費することによってその価値を維持しつつ労働の成果を資本に譲り渡す。ここに，賃労働における資本家と労働者の関係は「支配−従属」の主従関係になる。それゆえ，管理は労働者の共同作業を指揮監督し，かつ労働力からできるだけ搾取し労働者の抵抗を抑圧するという性格を有することになるのである。

3．現代の「労働」と「仕事」

　労働の経済的次元のみに注目すれば賃労働の核心には労使の従属関係があって，労働者にとって労働は自律の場ではあり得ない。またアレントや今村のいうように労働が生産活動であってひたすら合理性・効率性のみを目指すものであるという点を強調すれば，労働は自由な活動である「仕事」「活動」にはなりえない。さらに，上林編（2013）によれば，「グローバル市場主義」が浸透している今日では，労働に限らずあらゆる人間活動の効率化・市場化がますます加速しているという。これらのことからすれば，近代以降の「労働」の基本的性質は変わっていないとも考えられる。

　もっとも他方では，1970 年代以降の脱産業社会化において，情報化の経済が進展し労働実践の一部に質的変化が生じているという指摘も多くなされている（Hardt and Negri 2000 など）。それらによれば，直接的な生産活動に加えて，情報や知識の絶え間ない交換を通して非物質的な財を生み出し価

値の実現を目指す新しい態様の労働，すなわち「非物質的労働」が現れている（Hardt and Negri 2000，翻訳書，375 頁）。非物質的労働の一つの形態は，知的・言語的な労働であり，問題解決や象徴的・分析的な作業，そして言語的表現といったアイディアやシンボル，コード，テクスト，言語形象，イメージ，その他の生産物を産み出す。

　非物質的労働の生産過程では情報とコミュニケーションが基盤となっているために，労働過程では個人間の関係性を構築するような相互作用がもたらされる。労働者の意識においては，分業による労働の断片化に伴う問題は薄らぎ，労働が自己決定と自己実現，そして協働の場として現れるようになる。こうした職場生活における情動の相互作用やコミュニケーションは，労働者間に経験の共有をもたらす。同時に，労働者間の関係性の構築を通して，労働者自ら欲する職務体験にしたいという志向が導かれ，キャリア志向が育まれていくのである。このように，働く個人の意識の変化は，従来の「労働」の意味合いから，労働の場における「仕事経験」や「キャリア」への意味の変容をもたらす。

　加えて，今日ではグローバル化を中心とした様々な環境変化によって，従来のように「労働」を資本家と労働者，使用者と労働者という関係でのみ捉えることは難しくなっている。つまり，1990 年代以降の急速なグローバル化・IT 化のうねりの中でもたらされた絶え間ない環境変化の中で，市場の動向や技術の発展を漏らさずに察知するために組織の分権化が進み，組織境界を越えたところでの協働関係が構築されるようになっている。また，個別に業務を遂行するよりも，むしろプロジェクト単位でのチームという自律性の高い活動形態が日常的に使われるようになっている（Ford and Randolph 1992；Keller 2001）。

　たとえばプロジェクト単位のチームにおいては，共通の目標やミッションに向けて，他メンバーとダイナミックに相互依存的に，また多様な環境と適応的に相互作用しながらタスクが遂行されてゆく。チームメンバーは，個人に割り当てられたタスクを分業しつつ，お互いにコミュニケーションをとりながらチームとしての活動を絶え間なく調整し，チームの目標を達成していかなければならない。そこでは，タスクそのものの結合という側面と，それ

を担うチームメンバーの人的社会的結合という側面から結合レベルの高い協働が行われているのである。

このように，働く個人にとって，自分の活動が単なる技術的生産活動ではなくなったとき，彼または彼女の労働は従来の労働概念の持つ枠を超えた意味を持つようになる。さらに，これらの労働実践が他者に意味をもたらしまた他者から意味を与えられる活動であるような場合には，かかる意味における労働はアレントの「仕事」と「生活」領域を包含するようになっている。

Ⅲ．労働と人のマネジメント論の学史的展開

前節で見てきたように，近代以降，労働過程は，生産過程として時間，賃金，労働者といった諸要素に分解され精緻化されてきた。これをうけて労務管理論では，労働力をいかに効率的に活用していくのかという観点から（森編 1989；奥林編 2003），労働過程の各要素のマネジメントに関する理論が展開されてきた。

1920 年代以降の労務管理に関する文献の多くは，資本と労働との関係を前提にした労働力の効率的利用ということを前提にしてきた。もっとも，労働者のもつ「労働力，労働者人格，労使関係に関わって発生する多様な過程」（森 1977）は，資本に包摂された「労働」という観点のみで捉えきれるものではない。本節では，労務管理を労働者，労働組合，経営者，その他の環境要因の「相互作用」の中で展開される労働力の活用過程と捉え，前節に検討した「労働」に対する人のマネジメント論の発展段階を 3 つ——人事労務管理[4]，行動科学的労務管理，人的資源管理——に分けたどっていく。

1．人事労務管理と労働

体系的な人事労務管理の端緒となったのは，テイラーが提唱したいわゆる「科学的管理法」（Taylor 1911）において開発された労務施策である[5]。産業革命以降の生産では，技術設備を効率的に操業することによって利潤の増大が試みられるようになったが，産業福祉や労働組合，各種労働法との関係で過重な労働時間は許されない状況にあった。そこで，労働問題の克服と能率

増進を目指して，課業管理における疲労と能率との関係が分析されたのである。

　1920 年頃までには，労働組合運動対策[6)]，採用・職務への配置といった労働者の雇用管理の必要性から人事管理部門が成立した（岩出 1989）。人事労務管理（Personnel Management）は，労働・労働者問題に対する雇用主の取り組みを起源としてなされるようになったものであり，作業の標準化，労働者の選好，教育訓練等の労務諸施策が開発されていった。

　当時の人事管理研究では，労働過程における労働者のパーソナリティと協働の確保が志向されている（津田 1977）。このような労働者観の修正は，当時の産業心理学を中心とした科学的管理法の「科学」の不十分さへの批判をうけ，労働者の人間的側面をフレームワークに反映させようとしていたことがうかがえる（Kaufman 2014）。しかし，津田（1977）や脇（2013）が示すように，労働者の人間的本質と能率向上との関係は明らかではなく，当時の人事労務管理においては，労働者を労働力と同義に捉えた能率管理であった。これは，1927 年から行われたホーソン実験が当初は作業能率と疲労の関係の解明を目的としていたことからもうかがえる。

　また，1935 年に労働組合が法的に承認されて以降，各企業はそれまでの労働力管理に加えて，企業は労働組合の存在を受け入れ，労働者集団と経営者間の建設的な労使関係管理の整備を進めていく必要に迫られた。たとえば，提案制度，労使共同委員会制度，労使協力制度などが次々に人事労務管理施策として導入されていった。

　さらに，1940 年前後から人間関係論の成果をとりこんだ人間的側面の労務管理諸施策が導入され，労働過程の中で個々人の能力と仕事からの満足，チームワークの形成といった労働者管理が展開されることとなった（木田・岡田 1994）。Pigors and Myers（1947）など人事労務管理研究においても，人事管理職能として個人の職務満足や作業集団のモラールが強調されるようになった（pp. 19-23）。

2．行動科学的労務管理と労働

　1950 年代以降，企業の巨大化に伴う公式組織の複雑化，MIS や PIS（労

務情報システム）の開発，様々な技術革新等を背景として，産業構造ととも
に労働力構成は大きく変化した。ホワイトカラー，とりわけ専門技術職や事
務職数が増大し新たな労働秩序が形成されるようになると，行動科学の知見
をとりいれた労務管理論が台頭し労働力管理は大きく変容していくこととな
る。

　行動科学は，科学的な実験や観察方法を援用して人間行動の解明を試み
る。その一派は，人間は職務上で自己実現を得たいという欲求を持ち，その
ために（労働者集団ではなく）個人の目的と組織の目的を統合していくとい
う視点から参加的組織が最良の方法であることを強調する。具体的に労働力
管理の基盤となったのは，職務上での自己実現を重視するモチベーションや
リーダーシップ研究の成果であった（McGregor 1960；Herzberg 1966）。
これをもとに，労働者管理として従業員の欲求分析，職務満足の分析が行わ
れ，労働力管理にも職務拡大等の技法が導入されていった。さらに，個々の
職務設計だけでなく，相互に関係している一群の職務全体として作業組織の
再編成が図られていく（Likert 1961, 1967）。

　さらに，労使関係管理においてもシステム化が進んだ。労働組合への加
入，団体交渉に関する動機の分析が行われ，労使関係に労働者集団と経営者
の両当事者だけでなく政府や裁判所も含めた労使関係管理のシステム化が図
られるようになった。

3．人的資源管理と労働

　1970年代以降，アメリカ産業の国際競争力低下を背景として，労働力・
労働者管理において労働生産性の向上が強調されるとともに，労使関係に
ついても企業の置かれている競争状況を認識し旧態依然の対立的立場を脱却
することの重要性が説かれるようになった。岩出（1989）や岩出（1992）に
おいては，すでに『ワーク・イン・アメリカ』（1972）の中でも労働者の勤
労意欲や敵対的な労使関係から労働生産性の低さが分析されていたことが指
摘されている。そして，Beer, Spector, Lawrence, Quinn Mills and Walton
（1984）など，日本企業の人事管理を強く意識したハイコミットメントモデ
ルが提唱されるようになった。このモデルの特徴は，貴重な人的資産に投資

し，労使の相互発展による競争優位の構築を目指すところにあり，フラット化や，コントロールの軽減，従業員のセルフマネジメントの醸成，従業員参加と訓練の場となる「学習する組織」の形成，雇用安定によるエンゲージメントの促進が提唱された。

　そもそも，人事労務管理においては，労働力の効率的利用とコスト削減という目的にもかかわらず，要員管理，人事異動管理，教育訓練・能力開発管理，勤労意欲の管理，労使関係管理，従業員満足管理といった各論の施策が「どのように生産性に有効に結びつくのか」についての考察がおざなりにされていた。これに対して，目的と労務施策との連鎖を経営戦略，経営計画，部門業績管理との関係において具体的に把握し，意識的に駆使するようになったのが人的資源管理論（Human Resource Management）であった（石田 2003，95頁）。

　人的資源管理は，従業員の持つ生産能力に着目し，経済的資源としての人間を重視する人的資源理念に基づく管理である。人的資源の有する生産能力が企業成長の最大の貢献要因であるから，① 従業員の労働生産性向上の基礎となる生産能力の育成・開発を担う教育訓練・能力開発職能と，② 彼らの「仕事ぶり」あるいは「働きぶり」をうまく管理していく業績管理の役割が重視される。それは，近代以降の労働の効率化を労務管理よりも徹底するものといえる（中村・石田編 2005）。これまでの企業の人事職能は，人事部が職掌する採用，配置，教育訓練，報酬，退職までの雇用管理であった。しかし，人的資源管理においては，これら従来の労働力管理と「仕事ぶり」の管理制度設計・運用とを上手くマッチングさせていくために，人事部門，経営，ラインマネージャーとが有機的に連携することが重視される。

　さらに，労使関係は労働サービスと報酬をめぐる取引であるが，従業員とりわけホワイトカラーの労働サービスは，目標管理制度下での上司と部下のコミュニケーションによって個別的に決まっていく。ここにおいて，集団の労使関係管理から上司－部下間の個別的関係管理へと焦点が変わることになる[7]。

　他方で，人的資源管理は，行動科学的労務管理から，従業員を人間人格として捉え従業員の能力を活用するために動機付けを重視する理念を受け継い

でいる。従業員の生産能力を育成するとともに，従業員の自己実現欲求の充足を通じて生産能力の活用を達成しようとするものである。具体的に，労働時間，キャリア計画，意思決定といった領域において労働生活の質を高めていくための諸施策として実践される。たとえば，キャリア計画領域では，個人のキャリア発達がライフワークのパターンであって，個人の成長が生涯的なキャリア計画を通じて実現されるといった認識から，企業が労働力を調達する場合には人事計画・開発に従業員の個人的なキャリア期待を組み込んでいくことが強調される（岩出 1992）。

　ここに，「労働」，「働くこと」について人のマネジメント論で議論されるコンテキストは大きく変容することとなった。労働力管理は，従来のものから従業員の個人的なキャリア志向を組み込んだ人的資源計画と業績管理へと変容し，労働者管理は労働者の意思的側面である参加や責任を組み込むとともに，自己実現といった動機付けに関わるものへと変わったのである。

Ⅳ．労働から仕事・キャリアのマネジメントへ

　これまで論じてきたように，人のマネジメントにおいては，労働の効率化・市場化の論理の下で従業員管理の個別化が進んでいる。資本主義的市場経済が発展しグローバル市場主義が浸透している今日，近代の労働観の下で労働の効率化・市場化はますます進み，すべての活動が労働化する「労働社会」が続くという見方もできるであろう。

　しかし，労働実践の多様化とそれに関わるマネジメントの変遷についての前節までの考察を踏まえると，労働は労苦を伴う生産活動という以上に，「仕事」や「活動」の性質を現実にもちつつある。また，労働は，もはや個別資本や経営者・使用者との関係のみではなく，多様なステークホルダーとの関係，個人のキャリアや生活との関係を包摂した意味合いで捉えられる必要がある。このような労働概念の持つ意味の変容は，次のような理論上・マネジメント上の展開可能性を示唆している。

　第一に，昨今の人のマネジメントに関する議論においては，かつての「労働」に代えて「仕事」という呼称が好んで使われるようになっている。この

背後には，労働と生産性との関係において，ブルーカラーだけでなく，間接的な生産活動やサービス活動に従事する勤労者や，ホワイトカラー，知識労働者（Drucker 2002）など多様な勤労者の労働過程を考慮せざるを得なくなっていることがある。

とりわけ，知識労働者のように，タスクが与えられるのではなくぼんやりとした顧客の要望から問題を設定し仕事を遂行していくことが求められる場合には，強い自律性や学習意欲，キャリア志向が動機付けや生産性と強く関連する（Davenport 2005）。このような知識労働者の仕事を，他の活動領域から区分された狭い「労働」の意味合いで捉えることはもはや困難である。ここでは，まさに労働の仕事化が生じているのである。従業員管理としても，日常の仕事に挑戦的な要素や自発的行動を促す仕掛けを創り出し，彼らのキャリア志向を擽る工夫を行っていくことが強く求められるようになっている。

第二に，今日の従業員管理は，個人の目標，業績，ニーズに重点をおくものとなっており，1970年代以降の人的資源管理で展開されてきた従業員管理の戦略化と個別化を一層推し進める動きであるといえる。すなわち，市場にとって価値ある経営資源としての人材を確保するために，従業員の自律的な働き方を支援し，能力とモチベーションをともに高めていこうとするマネジメントが志向されるようになっている。

上林・平野編（2019）で示された実証研究では，日本企業が人事管理に反映させている方針として，「エンプロイヤビリティ重視」，「個別化された能力開発」，「実力・貢献主義的処遇」という3つの人事ポリシー因子が導出されている。ここから，今日の日本企業の人事管理においても，個々人の自律性を重視し，目的や計画に即した体系的な能力開発を行いながら，貢献と処遇を丁寧に測っていく傾向にあることが示唆される。

第三に，労働実践の多様化に応じて，今日の従業員の個別的な仕事・業績管理にはより工夫されるべきところがある。すなわち，各従業員の仕事をベースにした目標管理が展開されている一方で，仕事の多くは個々人のタスクに割り切れないチーム活動として行われるようになっている。チーム活動では，通常の組織的協働にもまして，個人の仕事が他のメンバーの仕事から

生み出されるものとの連続として捉えられる。加えて，仕事の成果もチームのコラボレーションとして生じているために，仕事は完全には個別化され得ない。したがって，個々の従業員の適切な採用，配置，支援，評価は，チーム活動プロセスが紡ぎ出す関係性の中で行われなければならない。ここでは，現実の労働現象とマネジメントとの間にズレが生じ始めているのである。

　もっとも，緊密な協働過程で生じるコラボレーションは多様な価値のコンフリクトを生じさせうる。そのため，今後の従業員管理においては，従業員の仕事における関係性やチーム力学についての知見を深め，さらなるマネジメントの変革をしていく必要があると思われる。

Ⅴ．おわりに

　本稿では，経営学とりわけ労務管理論および人的資源管理論において，どういった労働観の下で労働過程のどのような側面がマネジメントの対象となってきたのか，働く人々の労働実践がどのように考察されてきたのかをたどることによって「労働」概念の持つ意味の変遷を考察してきた。

　資本主義的商品・貨幣経済の進展とともに，労働は価値ある生産物を生み出す重要な活動と位置づけられた。労働者は生活のために労働力を売り，労働時間に労働を提供し，資本家・経営者の指揮下で働くようになった。企業組織内では労働の合理化・効率化が進められ，労働生産性の向上のために人事管理上の諸施策が導入された。こうした労働実践と相互影響的に，労務管理および人的資源管理論領域では，労働力や労働者，労使関係管理に関するフレームワークが構築されていった。

　さらに，人的資源管理は人的資源理念に基づく管理として，企業成長の最大の貢献要因が人的資源の有する生産能力であることを強調した。その特徴は従業員の自律性をうまく生産性に反映させていくマネジメントであり，具体的には教育訓練・能力開発職能と業績管理にあらわれている。ここに，近代以降の労働の効率化は，より洗練されたマネジメントの形をとって徹底されてきたといえる。

　今日ではグローバル市場主義の流れとも相まって，労働の効率化・市場化はますます進んでいる。もっとも，1970 年代以降，非物質的労働を中心として労働の生産過程で情報とコミュニケーションが重要な役割を担うようになり，労働形態も非常に多様化している。また，時には組織境界を越えて，チームワークを通した新たな協働の関係性が人々の間に構築されるようになっている。個人には各自の仕事上の役割があるが，共通の目標を目指して緊密なコミュニケーションをとり協働している。それは，個人が多様な他者と共に他者のために働いているという実感の中で繰り返し認識されるものである。

　今後，人のマネジメントの展開においては，このような個々人の考え方・感じ方のスタイルが交錯する経験の場をいかに提供し，個人の生活との関わりで納得のゆく意味づけができるような仕事の再配分をいかに進めていくのかについて，更に問うていく必要があると思われる。

注

1）　大会趣意文『経営学史学会通信』第 25 号，9 頁。http://keieigakusi.info/files/tsushin/2018_10.pdf 参照。

2）　代わりに，経営学領域に限られない幅広い領域で「働く」ことについての議論が盛んとなっている。「働く」ことは，経営学よりもむしろ経済学や社会学，家政学，産業保健学，労働法学等の領域において論じられるコンセプトとなっている。大原社会問題研究雑誌（2019）で特集されている「ワーク・ライフ・バランスとは何か―各学問分野の知見と政策課題」を参照すると，「働く」ことが家事やケア，家庭生活，メンタルヘルス，生活保障等といった多様な概念との対比で考察されていることがわかる。

3）　本稿では「労働」概念の考察にあたって，労働観と労働経験，現実の労働実践に着目しながら労働の論理と意味を捉えようとしている。そこで，労働観が転換されていく市民社会の発展と市場経済，資本主義的生産様式が見られるようになる 18 世紀後半以降を「近代」とし，工業化を経た産業社会の後に登場する新しいタイプの社会像がさかんに論じられるようになり現実の労働実践が大きく変容していく 1970 年代以降を「現代」と考える。

4）　19 世紀末に科学的な労務管理が確立されて以降，アメリカにおける労務管理が最も合理的な方法として資本主義企業における労務管理の基本モデルとなっている。もちろん，各国の労務管理はアメリカ的な労務管理に還元されない多様な管理モデルとして捉えられるが，本稿では，資本主義的市場経済の下で「労働」概念を考察するため，アメリカにおける労務管理に焦点を当てることにしている。

5）　1880 年頃から 1910 年頃における人事管理は，単純な需給モデルと専制的雇用関係に基づいて展開されており，標準や計画に基づき体系化されたものではなかった（Kaufman 2014）。

6）　テイラー・システムの導入後，作業の標準化，計画職能と作業職能との分離によって労働の単純化，労働の代替化が進んだ。企業内での労使のコミュニケーション機関として「従業員代

表制」が整備されていたものの，労働組合と使用者の衝突は激化した。しかし，1920 年代の人事管理においては産業民主主義による労使協調が展開された。経営者は表面的には労働組合に対して抑圧的態度を控え，従業員持ち株制や年金制，さらには従業員代表制の導入など温情主義的な管理を進めていった（奥林 1973）。

7） 実際に企業の労務政策として雇用保障，教育訓練，公正，処遇の平等がエクセレントカンパニーとして紹介されると，労使関係の制約を克服し，経営主導のもとに生産性の向上を従業員の人的資源という側面から追求しようとするマネジメントが展開されていった（岩出 1992）。

参考文献

Arendt, H. (1958), *The Human Condition*, the University of Chicago Press. （志水速雄訳『人間の条件』筑摩書房，1994 年。）

Beer, M., Spector, B., Lawrence, P. R., Quinn Mills, D. and Walton, R. E. (1984), *Managing Human Assets*, Free Press. （梅津祐良・水谷英二訳『ハーバードで教える人材戦略』日本生産性本部，1990 年。）

Davenport, T. H. (2005), *Thinking for a Living: How to Get Better Performance and Results from Knowledge Workers*, Harvard Business School Press. （藤堂圭太訳『ナレッジワーカー──知識労働者の実力を引き出す経営──』ランダムハウス講談社，2006 年。）

Drucker, P. F. (2002), *Managing in the Next Society*, St Martins Press. （上田惇生訳『ネクスト・ソサイエティ──歴史が見たことのない未来がはじまる──』ダイヤモンド社，2002 年。）

Ford, R. C. and Randolph, W. A. (1992), "Cross-functional structures: a review and integration of matrix organization and project management," *Journal of Management*, Vol. 18, pp. 267-294.

Hardt, M. and Negri, A. (2000), *Empire*, Harvard University Press. （水嶋一憲・酒井隆史・浜邦彦・吉田俊実訳『帝国』以文社，2003 年。）

Herzberg, F. (1966), *Work and the Nature of Man*, World Publishing. （北野利信訳『仕事と人間性』東洋経済新報社，1968 年。）

Kaufman, B. E. (2014), "The historical development of American HRM broadly viewed," *Human Resource Management Review*, 24 (3), September, pp. 196-218.

Keller, R. T. (2001), "Cross-functional project groups in research and new product development: diversity, communications, job stress, and outcomes," *Academy of Management Journal*, Vol. 44, No. 3, pp. 547-555.

Likert, R. (1961), *New Patterns of Management*, McGraw-Hill. （三隅二不二訳『経営の行動科学──新しいマネジメントの探求──』ダイヤモンド社，1967 年。）

Likert, R. (1967), *The Human Organization*, McGraw-Hill. （三隅二不二訳『組織の行動科学──ヒューマン・オーガニゼーションの管理と価値──』ダイヤモンド社，1968 年。）

McGregor, D. (1960), *The Human Side of Enterprise*, Hill Book Company. （高橋達男訳『企業の人間的側面』産業能率短期大学出版部，1966 年。）

Pigors, P. and Myers, C. (1947), *Personnel Administration: A Point of View and Method*, McGraw-Hill.

Taylor, F. W. (1911), *The Principles of Scientific Management*, Harper & Brothers. （有賀裕子訳『新訳 科学的管理法──マネジメントの原点──』ダイヤモンド社，2009 年。）

Weber, M. (1920), Die protestantische Ethik und der Geist des Kapitalismus, *Gesammelte Aufsätze zur Religionssoziologie I*, J.C.B. Mohr. （中山元訳『プロテスタンティズムの倫理と資本主義の精神』日経 BP 社，2010 年。）

今村仁司（1988），『仕事』弘文堂。

石田光男（2003），『仕事の社会科学──労働研究のフロンティア──』ミネルヴァ書房。

岩出博（1989），『アメリカ労務管理論史』三嶺書房。

岩出博（1992），「人的資源管理の形成」『労務管理入門［増補版］』有斐閣新書。

奥林康司（1973），『人事管理論──アメリカにおける1920年代の企業労務の研究──』千倉書房。

奥林康司編（2003），『入門　人的資源管理』中央経済社。

奥林康司・菊野一雄・石井修二・平尾武久・岩出博（1992），『労務管理入門［増補版］』有斐閣。

上林憲雄（2013），『変貌する日本型経営──グローバル市場主義の進展と日本企業──』中央経済社。

上林憲雄・平野光俊編（2019），『日本の人事システム──その伝統と革新──』同文舘出版。

木田重雄・岡田行正（1994），「伝統的アメリカ人事管理論の比較──D.ヨーダーとP.ピゴーズ＝C.A.マイヤーズの所説を中心として──」『修道商学（広島修道大学）』第35巻1号，262-266頁。

菊野一雄（2003），『現代社会と労働』慶應義塾出版会。

津田眞澂（1977），『人事労務管理の思想』有斐閣新書。

中村圭介・石田光男編（2005），『ホワイトカラーの仕事と成果』東洋経済新報社。

森五郎（1977），『経営労務論』丸善。

森五郎編（1989），『労務管理論［新版］』有斐閣。

脇夕希子（2013），「人事管理論の展開」経営学史学会監修／吉原正彦編著『メイヨー＝レスリスバーガー（経営学史叢書Ⅲ）』文眞堂，194-205頁。

5 日本における「労働」概念の変化と経営学

澤　野　雅　彦

Ⅰ．はじめに

経営学は，19世紀末から20世紀初頭におこった，いわゆる第2次産業革命に伴って生じた企業の変化，分けても労働の変化によって成立した学問といっても過言ではない。

この変化とは，間接雇用が直接雇用へシフトしたことを指しているが，その頃まで，親方や職人が自ら雇用した弟子・徒弟を連れて，自分たちの道具を持って工場の中で働いていたものを，機械化の進展によって，企業が大量の労働者を直接雇う方式に変化したものである。それまでは，機械を揃え，場所を提供して，あとは親方に任せていたところを，企業が，自分で「管理」をはじめるためのノウハウが必要になったことから，経営学が成立したと考えられる。

それから1世紀，20世紀末頃から，盛んに第3次産業革命といわれ，産業分野の大きな変化が起こっている。もちろん，1番大きな変化は，「情報化」と呼ばれるコンピューターの著しい発達である。しかし，雇用関係に注目すると，製造業が後退し，サービス業が興隆するなかで，今度は逆に，直接雇用が後退し，間接雇用が増大へと転じていることが観察される。本稿では，19世紀から21世紀を見通しながら，「労働」がどう変わり，経営学が，これとどう関わってきたかを考えてみたい。

Ⅱ．19世紀末からの企業変化

まず，経営学が成立した背景を考えてみよう。現在に繋がる経営学は，19

世紀末から20世紀初頭にかけて成立したといわれている。この時代の社会変化は，第2次産業革命として歴史学や経済学などの分野で比較的軽く扱われている。しかし，社会のあり方や人の生活という観点から見るならば，重要な「革命」と見るべきで，決して軽く扱われるべきではない。なにより，経営学を生み出しているのである。

　経営学が発生したこの時代について，産業の変化と，企業制度の変化という2つの点からその特質を考えてみよう。

1．産業の変化

　18世紀後半，ジェームズ・ワットの蒸気機関発明などで，動力の飛躍的な改善が進んだ時期は，確かに石炭や繊維製品などの生産量は大きく拡大したが，人びとの生活という観点から見れば，それほど大きな変化があったわけではない。しかし，19世紀後半からはじまる第2次産業革命は，産業のあり方を変え，人の働き方を変え，社会の仕組みを変える革命的なものであった。

　まず，これを牽引したのは，鉄道や蒸気船であったから，産業革命が成熟したことが出発点であった。まず，蒸気船がドーバー海峡を頻繁に行き来し，運河が掘削されて内陸部まで船での輸送が可能になる。1830年代になると，イギリス全土に鉄道が展開する。その結果，物流に変化が生じて市場が拡大しはじめるのである。

　一方，巨大油田の発見により，石炭から石油へとエネルギーが転換したことから，新しい産業が生まれはじめた。このあたりから，だんだんイギリスに変わってドイツやアメリカが主導権を握りはじめるのであるが，石油産業，各種石油製品と関連した化学産業が発展し，大きくなった市場を背景に大規模生産をはじめたのである。さらに石油を利用した，大規模な発電もあいまって，自動車や各種電気機械などの発展が導かれ，産業構造が大きく転回する。そして，ついに，現在われわれが享受している生活様式の基本が準備される時代となったのである。

2．株式会社制度の変化

このような変化と平行して，企業制度の変化が起こったことにも，言及しておく必要がある。株式会社は，イギリスとオランダの東インド会社に起源を持つ。しかし，19世紀までは，議会や政府あるいは国王の認可なく，会社を設立することはできず，しかも，そのような会社が頻繁に不祥事を起こしたため，ヨーロッパにおける発展には限界があった。とはいえ，それまで，裕福な国王や豪商でなければ，大きな事業を起こすことはできなかったところ，小口でも投資を可能にする株式という仕組みを工夫することによって，多くの人に投資を求めて事業を行うことが可能になったことは，経済面における「西欧優位の確立」に大いに貢献したことが知られている。

この初期の株式会社は，会社の設立に，議会や政府あるいは国王の認可が必要であり，その認可も，事業を特定の有意義な目的（2都市間の鉄道建設など）に限定されるのが通例であった。これが，許認可から登記すなわち登録制に変わるのは，19世紀中盤以降である。

イギリスにおける1862年株式会社法の改正，これと相前後するアメリカの州法・連邦法の改正がこれにあたるが，鉄道という大量の専門技術者・専門管理者が必要で，臨機応変の対応が必須な，それまでにはなかったような巨大企業の発展が一番の理由である（Micklethwait and Wooldridge 2003，翻訳書，91-95頁）。かくして，政府や国王の忖度なしに，誰でも条件さえ満たせば，自由に株式会社を設立できる時代になった。さらには会社の事業を状況に合わせて伸縮し，あるいは転換することも可能な，機動性豊かな企業が出現したのである。

Ⅲ．20世紀初頭の「労働」改革

1．工場の変化

この会社の制度変化は，新産業の形成に大いに役立った。化学産業においては，巨大な装置を導入しなければならなかったが，新たな会社制度はこの莫大な投資を可能にした。その結果，それまでには見られなかったほど巨大な工場が出現した。また，新しい装置を導入した鉄鋼産業などでは，同じ場

所で，考えられないほど多くの人たちが一緒に働くようになった。

　そして，例えばそれまで，産地の作柄や気候に左右されていた工業原料，例えば，繭や綿花，あるいは藍や紅花など自然産品を利用して作っていた糸や染料を，石油などから合成した「レーヨン（人絹）」などに変えることで，季節などに関係なく通年生産できるようになった。

　また，肥料や火薬などを，化学工場では，パイプラインで繋がれた巨大なタンクを利用して，スイッチひとつで化学反応させるようになった。石油製品であるプラスティックは，それまで鉄など金属で作っていたものを，格段に軽量で成型しやすいものに変えた。そして，そこで働く人たちは，それまでには考えられなかったような労働をおこなうことになる。しかも，ひとつ間違えれば大爆発が起こるような責任労働でもある。

　また，少し遅れて自動車工場では，それまで，職人たちが長年かけて習得した技を駆使して細工していたものを，単純な作業に変えた。1914年に完成したフォードのハイランド工場では，ベルトコンベアを利用して，ほとんど素人でもできる作業を行う多くの労働者たちが，一日じゅう反復することによって，次々にT型フォードを生産したのである。

　製造方法が抜本的に変わったことがこの時代に変化であるが，「標準化」が実用に耐えるレベルにまで向上したことが大きかった。これを導いたのも，鉄道の発達であった。19世紀後半に鉄道は飛躍的に発達する。鉄道には機関車や車輌の他に，レールや鉄橋など，さまざまな金属製品が使われるが，これらは，標準的な寸法形状の他に強度や耐久性などを持つことが，安全運行の必須条件となった。1870年代にはドイツで仕様を統一させる気運が高まり，その中心にいたミュンヘン工科大学のヨハン・バウジンガーが音頭をとり，1884年にドイツと周辺各国から各種技術者を招き，ミュンヘン会議が開催された。そして，この動きが国際的な工業基準を定める動きとなり，現代のISOに繋がっているという（橋本2002，155頁）。

　アメリカで，やや異なる形で「標準化」を推し進めたのは，F・W・テイラーである。「科学的精神を持って，彼は工作技術という現象を分析し，実験し，その理想的な姿を探し求めた」（橋本2002，129頁）。まず実験条件の標準化からはじめ，作業方法や工具などの標準化を導入し，さらに，「差

別的出来高給」など，マネジメント自体の標準化も視野に入れて，アメリカの経営学の端緒を切り開いた。

これに続いたのは，レンガ積みの標準研究から次々アメリカに「標準」を定着させたフランク・ギルブレスおよびその妻リリアン・ギルブレスと，工場にベルトコンベアを導入して大量生産を定着させたヘンリー・フォードである。

フォードは，「標準化」を徹底するとともに，「同期化」を推し進めて，いわゆるアメリカ型生産方式を完成させた。これにより，安価で品質の高い製品を大量に生産する様式を定着させた。しかし，一方では，労働のイメージを変えることに大きく貢献した。

2．労働の変化

この時代に，人々の仕事をするパターンが大きく変わったのは事実である。それまでは，需要や供給に限定されて，注文生産されており，親方が徒弟たちを率いて，納期に間に合うように，また，気分の乗った時に自分のペースで仕事をしていたものが，当時の化学工場やフォードの自動車工場では，巨大装置やベルトコンベアに時間を管理されて，機械や装置のペースで，季節を限らず仕事をすることになったのである。

このようにして，これら新産業は，自身の生産する新製品が，画期的にわれわれの生活を便利にしただけではなく，われわれの働き方を大きく変えることによって，生活そのものを変えていった。

まず，職人も徒弟も，会社が直接雇う方が合理的になった。いつも同じメンバーで仕事をする方が，仕事の段取りや協力が容易になるからである。かくして，20世紀は直接雇用（直備制，かみ砕いていえば正社員）の時代となった。それまでの間接雇用（派遣・請負）中心の社会が，直接雇用に切り替わる。この動きは日本では，19世紀終盤からで，間宏によると，機械化が進展した産業から順にはじまり，化学⇒軽工業（主として紡績）⇒重工業⇒鉱業⇒建設業へと進み（間宏 1978，66頁），さらに必ずしも，その必然性がなかった，中小メーカーや流通業・小売業にも波及する。そして，この新たなシステムは，20世紀になると，あらゆる産業に浸透して行くのであ

る。

　アナールの歴史家アラン・コルバンは，このさまを次のように表現している。19世紀初頭までの，農民・職人・労働者の持つ「穴だらけの時間」は，秩序立てられた，効率と生産性に駆り立てられた時間，すなわち「連続的な時間」に少しずつ場所を譲っていった。

　緊張感を持って「連続的な時間」を働き続けたら，何が必要になるか。「からっぽの時間」に対する欲求が湧き出るのである。まず，朝寝坊と釣りが考えられる。続いて，「じわじわと退屈に脅かされて，逆説的ではあるが，余暇と気晴らしの今ひとつの時間を生み出す」（Corbin 2000，翻訳書，9頁）のである。

　「穴だらけの時間」とは，好きなときに好きなように自律的に働くことを意味し，「連続的な時間」とは，機械や装置の都合で他律的に働かされているさまを表している。経済学的にいえば，「賃労働」の成立ということになるが，工場の変化は，ヒトの働き方に対して大きな影響を与えた。

　他律的な長時間労働は，必然として余暇や気晴らしが不可欠で，この時代に現在われわれが「レジャー」と総称するコンテンツが生まれた。まず，鉄道を利用した庶民の旅行，ミュージックホールやパブの大衆化，そして，各種のスポーツなど。さらに，博物館や動物園が盛んに建設されるのも，この時代である。万国博覧会やその余興として成立したオリンピックも多くの人びとを集めるコンテンツとなった。

Ⅳ. 20世紀終盤日本の労働変化

　さて，ここからは日本に焦点をあてて議論を進めざるを得ない。ここまでの歴史的流れは，多少時期が前後することがあっても，ほぼ各国に共通する。しかし，1970年代頃から21世紀にかけて，日本は独自の経験を経て，「世界の工場」となったからである。

1. 日本の産業技術の特徴
　第2次世界大戦頃には，日本の生産技術自体は，ほぼキャッチアップがで

きており，多くの分野で米欧と比べて遜色のない製品を生産できるように
なってはいた。例えば，零戦（零式艦上戦闘機）の性能自体は実際にドッグ
ファイトになれば敵を圧倒できるものだったが，量産ができなかった。

　その理由には，軍による頻繁な仕様変更の命令，プレス機の不足，機種に
より互換性を持つ部品（鋼管など）が少なく，結果として造るべき部品種数
が異常に多かったこと，などがあげられているが，一番問題だったのは標準
規格必要性の認識が薄かったことであるという（橋本 2002，179頁）。

　橋本毅彦は，その理由を，航空機産業の状況を例として詳細に検討して
いる。航空機は用途によって安全基準が相当にばらつくことが知られてい
る。日本で最初に規格を考案しようとした木村秀政は，「すべての可能な条
件における最大負荷の評価は困難」として，強度規格は「安全性と経済性の
妥協」の産物と諦観した。そして，その理由には，3つの個性の存在がある
としている。機体，パイロットさらに起こりうる気候の個性である（橋本
2002，174-179頁）。機械・人・環境にはそれぞれ個性があると一般化でき
る。

　この「標準と個性のジレンマ」は，日本において現代にも尾を引いてお
り，例えば原子力発電所の安全基準をなかなか決められないといった問題が
起こっている。そのため，第2次世界大戦中は，ゼロ戦の量産などは喫緊の
問題であったが，ほとんど実現できなかったのである。

　敗戦後の日本に進駐したGHQ（連合軍総司令部）は，日本を農業国とし
て武装解除する予定であったが，朝鮮戦争が始まると，日本を兵站基地にせ
ざるを得なくなる。そこで，たまたま国勢調査の指導のため日本に呼んでい
た統計学者，W・エドワーズ・デミングに，米軍仕様に耐える生産・修理を
日本企業に指導させた。

　アメリカでは，統計学を駆使したQCと呼ばれる品質保証システムが一般
的であったが，デミングは，このシステムを製造のみではなく販売・サー
ビスなど経営全般に拡大して適用し，経営全体の品質を保証するというよう
な相当にユニークな案を考えており，このような立場から日本企業を指導し
た。これが日本人にフィットしたのである。そして，受け入れ機関となっ
た日本科学技術連盟や東京大学の石川馨などとともに，全国を回って日本企

業を指導した。そして，ほとんどの日本企業の経営者は熱心にこれを受容した。

このような日本企業の QC の受容は，「品質管理は教育に始まり教育に終わる」という標語のもと，工場現場ばかりではなく，全社を巻き込んだ教育運動・提案制度として展開していった。アメリカの専門技術者による知識としての品質保証システムが，日本では，現場の従業者による経験にもとづく創意工夫を通して，全社的な品質保証システムへと展開した。そこで，この運動を TQC（全社的品質管理）と呼ぶ。

また，「検査ではなく，工程で品質を作り込め」という標語は，その独特の製造思想を表している。各段階できちんと目標とする品質を達成していれば，最終製品の検査は不要とする考えかたである。その結果，多くの業種において，1980 年代後半には，考えられる最高度の品質保証を可能とした（北原・能見 1991）。

その後，1990 年代前半頃まで，日本の製造業は「世界の工場」としての栄光を享受した。その原動力となったのが，TQC の完成形ともいうべき経営全体の品質というより，「質」を高めようとする手法であった TQM（総合的品質管理）とトヨタ・システムに代表されるリーン生産方式であった。

このような生産方式は，前章までに述べたヨーロッパやアメリカの考え方の対極に存在する。前者は，きちんと規格・標準を決めるのではなく，できるだけ用途毎にフィットする製品を造り，検査をしなくても不良品が生じないような生産システムを柔軟に運用すること。そして，後者は，大量生産ではなく，多品種を少量ずつ無駄なくタイムリーに生産することを意味する。この 2 点は，日本ならではというべき生産方式である。

そして，この生産方式を，企業内で教育訓練した現場労働者たちの創意工夫による提案・改善で確固たるものにしていった。アメリカの技術者の責任で行うのと対照的であった。「標準化」を強調すれば，進化・成長は止まる。それに対して，あえて標準・規格を強調せずに，小さなイノベーションを連続的に創出したのである。そして，フォードが考案した「同期化」を一歩進めて「平準化」したところに特徴を持っている。

2. 高度経済成長期からバブル経済下の日本の労働

　20世紀はF・W・テイラーの科学的管理からはじまる。H・フォードの大量生産方式が続くが，これらは「標準化」を突き詰めたものであることは注意を要する。生産管理からはじめて，経営のさまざまな分野を「標準化」して，熟練を軽減し，職人芸・名人芸を不必要にした。「標準化」が達成されれば，学校などで教えることも出来るので，加速度的に工場の合理化は進展した。

　その結果，社会で必要な多くのものが大量生産・大規模生産され，価格が低廉化するとともに品質も安定していった。これら製品の多くは，大工場で生産され，そこでは多くの労働者が正社員として，例えば9時5時というように安定的に働くことが，当たり前の社会になった。幸せな社会といっても良い。

　経営学は，合理的な生産を設計しながら，労働者の勤労意欲を維持するというような面で大きな貢献をなした。また，「管理社会」といわれて，さまざまなアドミニストレーションが重視される社会のなかで，存在感を示した。

　しかし，1970年代頃になると，日本企業はTQCやリーン生産方式，すなわち無駄の少ない生産方法を作り上げ，多品種少量生産を実現した。フォード・システムは，工場を技術者による設計で作り上げ，労働者は，ただいわれたことを反復するだけだったのに対して，日本の生産方式は，労働者の教育・訓練にもとづく，現場の智慧，創意工夫によって成り立っていた。労働者にとって，相当に自律的な労働であったろう。

　ただし，これを労働という側面から見ると，問題が浮かび上がる。テイラー以来9時5時の標準的定型労働者が基本のアメリカ社会などと比べて，「標準化」を徹底できない日本企業では，残業などが多くなり，仕事の内容も時間も伸縮が大きくならざるを得なかった。

　アメリカでは，管理者・技術者などエクゼンプト（残業代対象外の）労働者はともかく，ノンエクゼンプト（残業代あり）の一般ブルーカラーが長時間労働することはなく，エクゼンプトは高給を取るから残業するのは当たり前と考える傾向がある。しかし，日本ではホワイトカラーもブルーカラー

も，当たり前のように長時間労働を行い，「24時間働けますか？」というコマーシャルが流行するほどであり，過労死などもあったが，時代の雰囲気として，頑張ればその分の見返りが得られると信じられていたため，かなりやり甲斐の感じられるものではあった。

Ⅴ．20世紀末からの企業変化と21世紀の「労働」

　20世紀末，日本はいわゆる「バブルの崩壊」によって，不況の時期を迎えた。失われた20年といわれて長い低迷期を経て，すっかり様相を異にするようになった。かつて世界を席巻した日本的生産方式も，ほぼ重なる時代に発展しはじめたコンピュータ化され，世界標準となって世界じゅうで使われるようになり，日本の競争優位は失われた。

　日本的生産方式と同時進行したのが，第3次産業革命といわれる構造変化である。「ソフト化」「グローバル化」「情報化」などといわれていたが，今となっては「デジタル革命」といった方が通りは良く，本質を突いている。働き方を考えるならば，大きな影響があった。

　まず，雇用の規制緩和である。1992年に最初の労働者派遣法が制定され，その後順次派遣の自由化が進んだ。その結果，20世紀初頭の状況を再現するかのように，ワーキングプアが現れ，派遣切りが社会問題化した。20世紀初頭のベストセラー，小林多喜二の『蟹工船』がまた読まれるようになったと話題になった。まるでテープを逆回ししているようなものである。

　要するに，ヒトの働き方が，19世紀に先祖帰りしているのである。19世紀から20世紀にかけて，直接雇用が一般化したのは，過酷な労働という批判の緩和という意味もあった。ところが20世紀末から21世紀にかけて，間接雇用が増え始めた。

　これは，「ソフト化」や「サービス化」による当然の帰結ではある。現在，製造業中心の社会から，サービス業中心の社会へと急速にシフトしていると考えられる。サービスは，在庫も輸送もできないので，平準化が難しい。例えば，散髪屋さんはいつ客が現れるか予測することが困難で，客が重なって大忙しになる日もあれば，1人も客が来ない日もある。

平準化できなければ，いつどれだけ経営資源を準備したら良いか予測できず，従業員の安定的雇用も困難になる。そのため，19世紀のように仕事が生じてから雇用の確保に走るケースが多くなろう。製造業の場合でさえ，「情報化」の影響で，ネットでの評判・情報などが瞬時に拡散するので，以前ほど安定的に生産を行うことは難しくなっている。

さらに近年は，人手不足が深刻で，長時間労働が当たり前になっている。また，政府の規制が厳しくなって，実質的な仕事よりも，証明や確認の連絡や書類書きなどが増えて，全体的な仕事量が大きくなっていることも原因かも知れない。このようにして，労働の概念は確実に時代毎に変化している。世代間の意識変化も影響するかも知れない。われわれ60代の大学教員であれば，この20年ほどの間に，仕事量がどう変化したかをよく知っている。おそらく，倍以上に増え，しかもそのかなりの部分が本務とは異なる，通常雑用と呼ばれるものであろう。このように，かつてなかったような「労働」に対する考え方の変化が，現れていることは間違いない。

Ⅵ．おわりに

以上，19世紀から21世紀まで，時代毎に変化する労働のあり方を概観した。「労働」概念という意味では，次のようにまとめることができる。19世紀までは職人の時代であり，「自律的」に熟練を以てするのが「労働」であった。20世紀に入ると，「労働」概念は「他律的」へと変更される。教育・訓練も不要な非熟練労働である。これが20世紀終盤の日本では，一時的に「自律的」労働概念が強調され，労働は楽しいものというイメージが創られた。虚構であったかも知れないが，その結果，長時間労働やサービス残業が横行した。

そして，現在，日本では，完全に「労働」は「他律的」になっている。政府の「働き方改革」という新しい「標準化」のかけ声のもと，人口減少と人手不足を背景に，一向に労働時間の短縮は実現せず，国際競争力や国際的プレゼンスは大きく低下している。何より，現在の勤労者の収入は，20世紀末と比べて半分以下に低下しているといわれている。

製造業に典型的に見られるように，日本では「標準化」が十分機能しなかった。ところが，近年はヨーロッパ発の ISO が幅をきかせ，この基準に適合するように国内基準を整備してもいる。さらに，ヨーロッパにはあまり見られない，ファミレスやコンビニでは「標準化」された「労働者（アルバイト・パート）」が大量に出現しているではないか。大きな変化が訪れているということができるであろう。

　最後に，この労働概念の変遷と経営学の関係を見ておくことにしよう。すでに述べたように，経営学とは直接雇用への社会変化に伴うノウハウの供給が主な存在意義であったと考えられる。それまでは，親方にまとめて賃金を支払い，管理も全面的に任せていたものを，19 世紀末から機械化の進展に伴い，企業側が中間管理職としての親方も含めて全員直接雇用し，直接管理を始めたことが経営学を生んだといえる。だから，テイラーの科学的管理法は，今流にいうなら生産管理と人事管理から成り立っていた。

　直接雇用が一般化した 20 世紀には，経営学は順調に推移した。しかし，20 世紀終盤から，「ソフト化」や「サービス化」といわれるように，産業構造が転換して，企業のグローバル競争が激化した結果，派遣や請負が増え，直接雇用が脅かされている。この時代，人事管理が人的資源管理といいかえられたのも自然な流れであろう。ヒトは，個別に管理の対象となっていたものが，原材料や燃料と同じように「資源」と考えられるようになり，総量管理に移ったといえる。つまり，頭数が問題となり始めたのである。

　こうなると，発想は経済学と同じであり，経営学の意義が消え始めている。さらに，AI の発展で，意思決定や戦略策定などの業務もコンピュータが解決するようになると，経営学は何をすれば良いのであろうか。時代の変化のなかで経営学をどう再建していくかが問題である。

参考文献

Corbin, A. (1995), *L'avènement Des Loisirs (1850-1960)*, Aubier (Paris). （渡辺響子訳『レジャーの誕生』藤原書店，2000 年。）

Micklethwait, J. and Wooldridge, A. (2003), *The Company*, Weidenfeld & Nicolson. （鈴木泰雄訳／日置弘一郎・高尾義明監訳『株式会社』ランダムハウス講談社，2006 年。）

北原貞輔・能見時助（1991），『TQC から TQM へ──さらに IMQ に向かって──』有斐閣選書。

間宏（1978），『日本労務管理史研究』御茶の水書房。

橋本毅彦（2002），『《標準の》哲学』講談社選書メチエ。

6 経営学の「概念」を問う：経営学史研究の課題
——シンポジウムを顧みて——

吉　原　正　彦

Ⅰ．はじめに：基調報告の問題提起

　経営学史学会第 27 回全国大会は，「経営学の『概念』を問う——現代的課題への学史からの挑戦——」の統一論題のもと，サブテーマに二つの「概念」を設定し，それら概念の変遷過程の解明を通して，現代の課題解明に対する学史研究の意義を明らかにしようとするものであった。

　その趣意は藤沼司の基調報告において述べられ，本論集においても収録されているが，行論の必要から，その主旨をわたくしなりに示しておきたい。

(1)　統一論題に示されている「概念」は思考の道具であり，経験対象を概念によって枠をはめ，その枠を通して認識対象を把握する。概念は認識作用にとって不可欠であるが，特定の概念には「一定の志向性」が内包されている。

(2)　経営学の概念に内包されている「一定の志向性」は，経営学が成立する歴史的文脈からして，「資本主義」，「市場経済中心主義」，「貨幣ベースで計られること」・「量的に計測されること」の３つである。経営学における「企業」，「労働」の概念を始めとする全ての概念化には，これらの３つの志向性が与件として内包化され，20 世紀の企業文明を形作っている。

(3)　企業文明は，未曽有の物質的豊かさを実現させたことで，その諸概念の有用性が験証・真理化されてきた。それとともに，これらの「志向性」は，実践を通じて，個々の主体への受容・内面化をますます促進させた。しかし，この３つの「志向性」に支えられた企業文明は，「意味の一元化」によって「具体性置き違いの誤謬」を犯し，多様な意味の可能性を抑

圧・捨象するという文明論的課題を顕在化してきている。

(4)　このような経営学の諸概念の根底にある３つの「志向性」は，「人類の
　　ロジスティック曲線」における近代社会という「爆発期」に形成されたも
　　のである。それゆえ，その「爆発期」から「定常期」への移行期・分岐点
　　にある現代社会においては，経営学の全ての概念に内包されている「一定
　　の志向性」の在り方が問われることになる。

　　以上の藤沼が提起した問題を踏まえて，「『企業』概念を問う」，「『労働』
概念を問う」の２つのサブテーマに対して各２名，計４名の報告者が，各々
の立場から応えようとしている。次に，２つのサブテーマの報告を取り上げ
てみよう。

Ⅱ．「企業」概念を問う

１．第一報告

　坂本雅則報告は，日本の経営学研究における独自の批判経営学説を取り上
げ，企業概念の新たな構築に向けた考察を行っている。

(1)　アメリカ経営学とドイツ経営学の「企業」概念は，ともに「マクロな意
　　味での社会が『体制的条件』として企業に対して付与する『歴史的特殊
　　性』とその因果的作用を理論化し得ない」との「方法論上の問題点」を指
　　摘して一蹴する。そして，「企業」概念の変遷を追うために，批判経営学
　　説に立つ。それは，批判経営学説が企業の本質規程の原理的な把握を資本
　　運動との関連で行う方法的自覚を有するゆえである。

(2)　批判経営学説における個別資本学派と上部構造学派が経営現象を資本運
　　動との関係で捉えていないことから，片岡信之の「企業の生産諸関係」説
　　に立つ。坂本の評価によれば，片岡説による企業概念は，「調達された生
　　産諸要素を人間労働を中心に組織化する関係」をも生産関係として把握
　　し，資本運動が個別企業レベルでも作用し，個別企業の資本蓄積様式の
　　種差を析出することを可能にしている。そして坂本は，片岡説に基づきつ
　　つ，商品関係の因果的作用を組み入れて資本蓄積の動態的変動を明らかに
　　すべく，存在論のレベルから説き起こす。

(3)　批判的実在論の立場から，存在の三層領域のうち「実在的領域」の「構造」によって経営現象が生じるとし，「構造」は社会において「社会構造」と想定され，社会構造と人間主体を「ともに一定の自立／自律性を持った『共生関係』にある実在」とする。社会構造は人間行動を通じてのみ形態を維持ないし変形し，他方，人間主体は，社会構造を必要条件として活用しつつ，その実在性を表出させているという存在論的前提に立つ。

(4)　この存在論的前提から，「市場的社会構造」と「企業的社会構造」という二つの「社会構造」の絡み合いの過程で，利害関係者はそれらの形態の維持ないし変形を目指して戦略的行動を展開すると捉える。そうすることで「個別企業レベルの資本蓄積期の種差性の形態変動」の時間的推移を組み込み，片岡説では描き切れなかった「個別企業レベルにおける経営行動の動態的変動」を二つの社会構造の変形と各利害関係者の戦略的行動の合成モデルとして枠組みを示し，「企業概念の刷新」を行うのである。

2．第二報告

中條秀治報告は，Y・N・ハラリの歴史観に拠りながら，20世紀の企業観を批判的に検討し，グローバル社会である21世紀の企業観を明らかにする。

(1)　中條は，まず，人類の歴史そのものがフィクションによって展開される，とするハラリの歴史観に立つ。人々はフィクションを創り出し，それを信じ共有し合って協力関係を発展させ，そのフィクションが信じられている限り，その方向で社会が動き，時代が動く。そして，フィクションが信じられなくなれば，新たなフィクションを生み出すのである。これがハラリの歴史観であり，この歴史観を企業観（会社観）に用いる。

(2)　20世紀の企業観である「会社の目的は金儲けである」とする「株主主権の会社観」の教条主義的言説に疑いの目を向け，「世界中の人々に幸せをもたらさないことが明白になっている」として容認しない。そして，「もっと真っ当で善良な物語を必要」として「公器の会社観」を示し，このことを株式会社発生史に基づく二つの会社観で明らかにする。

(3)　"company" は，「人間中心の会社観」であり，"corporation" は，"corpus mysticum"（神秘体）を用いた「人間以外の観念」に基づく会社

観であり，この"corpus mysticum"の特徴そのもの（実在性，永続性，独立性，機関運動）が"corporation"の概念となる。これらの会社観をめぐって二つの物語を示す。前者は岩崎弥太郎であり，M・フリードマンの新自由主義により「会社の目的は金儲けである」とする「株主主権の会社観」であり，後者は渋沢栄一，H・フォード，そしてP・F・ドラッカーを挙げる。

(4)　「会社の目的は金儲けである」,「株式会社は株主のものである」とするのは，それらを「固く信じ込んでいる」人々がいるからであり，あくまでもそれはフィクションである。「株主主権の会社観」では多くの人々が苦しんでいることがリアルな存在であることから，現実に幸せをもたらす方向に株式会社のフィクションを再構成することが必要である。そして，「株式会社は誰のものでもなく，『会社それ自体』が社会制度体として社会のために経営される」という物語に切り替えることを求め，いくつかの物語を提示する。

3.「企業」概念の，何を問うたのか

　これまで，サブテーマⅠ「『企業』概念を問う」の二つの報告概要を示してきた。「企業」概念をめぐるシンポジウムでの議論は必ずしもかみ合わなかったが，それは，司会の至らなさによることは勿論であるが，報告者たちの拠って立つ方法論の違いに求めることができる。

　T・クーンのパラダイム論を契機として，1970年代から方法論の論議が活発となり，認識論が相対化している。多元的となった認識論の違いは，「企業はどのように存在しているか」という問いに対する考え方，つまり存在論の違いに基づくものである。まさに，「企業」概念をめぐる二人の報告は，それぞれの存在論の立場からの主張である。

　存在論は，社会事象がわれわれと独立して「そこに」存在しているか否か，の議論であり，基礎づけ主義（現実主義・客観主義）と反基礎づけ主義（構成主義・主観主義）に分けられる。基礎づけ主義は，その事象がわれわれとは独立して「そこ」に在るという考えであり，反基礎づけ主義は，事象がわれわれから独立して在るのではないという考えである。そして，基礎づ

けの立場の認識論として実証主義と批判的実在論が，そして反基礎づけ主義
として解釈主義の認識論的立場がある。

　第一報告は，基礎づけ主義の存在論的立場に立ち，批判的実在論の認識論
による考察であること，報告者自らが述べているので多くの言は必要ないで
あろう。

　これに対して第二報告は，報告者の中條自身が意識しているかはわからな
いが，反基礎づけ主義に基づく解釈主義の認識論的立場に立っていると考え
られる。解釈主義は，社会事象がわれわれと独立して存在しているのではな
く，われわれがどのように解釈しているかが決定的であり，その主体的な意
味を把握することが求められる。中條が依拠しているハラリは，現実には客
観的現実と主観的現実の二種類以外に，中條が「フィクション」と呼んでい
る「共同主観的現実」があるとし，人々の間で共有されている「共同主観的
現実」のもとで社会が動き，時代が動いている，という基本的考えに立って
いると理解される。

　このように，「企業」概念を問う二つの報告には存在論に違いが，それゆ
えに認識論に違いがある。存在論に基づく認識論の違いは「通訳不可能性」
と述べたのはクーンであるが，しかし，野家啓一が指摘しているように，こ
のことが必ずしも「理解不可能性」を意味するものではないことに注意して
おきたい。このことを意識しつつ，二つの報告に対する考察を加えたい。

　第一報告は，片岡説を受け継ぎ発展させるために，これまでの経営学史研
究にはあまりみられなかった存在論にまで考察を深め，企業概念の「刷新」
を行おうとしており，こうした努力を評価したい。その際，この立論の鍵と
なる「構造」を捉える方法は「リトロダクション」と呼ばれるが，それは解
釈学的な意味合いを持つゆえに，「構造」の明確化について，もう少し理解
しやすいような説明があってもいいと思われる。また，批判実在論に基づい
て企業を捉える概念枠組みを提示しているが，理論レベルだけでなく，それ
を用いて現実の問題への解明を行うことが望まれるといえよう。

　第二の報告は，ハラリの歴史観を用いて株式会社観（企業観）の変遷を捉
えようとしたことでは，非常にユニークであり，興味深いものである。しか
し，氏の考察の中心は企業観であり，統一論題の「企業」概念に踏み込ん

での考察が充分であったかについては疑問が残る。「株主主権」の概念枠組み，「公器」の概念枠組みを示し，現実の世界をどのように解明できるかを示してこそ，説得力がなお増すものと思われる。

また，氏の他の論考では，企業を捉えるにあたって団体概念の重要性を考察していたが，今回は何も触れていなかったことは残念である。さらに，中條の「フィクション」について，C・I・バーナードもまたフィクションを取り上げているが，氏の「フィクション」は科学であるのか，それとも日常生活でのそれなのか，これを明確にしていただいた方が，氏の主張をより良く理解ができると思われる。

Ⅲ．「労働」概念を問う

1．第一報告

庭本佳子報告は，時代を18世紀後半以降の「近代」と1970年代以降の「現代」に分けて労働の論理と意味の変容を追い，マネジメント論における「労働」概念の変遷を明らかにする。

(1) 「近代」では，資本主義経済の進展に伴って，あらゆる人間の活動が労働に一元化され，労働力を商品として資本家に売り，資本家と労働者の関係は賃労働として「支配―従属」の主従関係となる。労働過程は生産技術過程の諸要因に分析され，合理化・効率化の一層の促進を図っていた。

(2) 「現代」では，IT化とグローバル化の進展に伴い，労働過程は非物質生産過程となり，労働の質的変化が生じた。分業による労働の断片化から組織の分権化による裁量の増大，他者との相互関係の意味応答が組織の境界を越えた協働関係への展開となり，個々人にとっての労働は，「仕事」や「キャリア」への意味変容をもたらす自律的活動が行われるようになった。

(3) こうした「労働」の質的変化と労働形態の多様化の過程をマネジメントからみると，「近代」おいて，人事管理として，科学的管理法では労働者と労働力を同義に捉えた能率管理であり，人間関係論は勤労意欲に注目したものの，労働力管理に変わりはなかった。さらに，行動科学によって自己実現への配慮がなされ，労働力管理に職務拡大が導入された。

(4)　「現代」では，労務と経営が結びつき，資源として人間を重視する理念に基づく人的資源管理が登場した。これまでの労働力管理から個人のキャリア志向，参加や責任を組み込んだ労働者管理へ，そして労使関係も集団管理から個別管理へと変化した。労働は「仕事」や「活動」の性質を持ち，多様な利害者集団との関係，個々人のキャリアや生活との関係を包摂する意味を有してきた。

(5)　こうした労働概念の意味の変容から，三つのマネジメントの展開可能性を示す。第一に，「労働の仕事化」によって，自発的な行動を促しキャリア志向を高める工夫である。第二に，経営資源として人材確保のため，能力と動機づけを高める自律的な働き方を支援することである。第三に，チームによる協働を実現するためにマネジメントの変革を必要とすることである。

2．第二報告

澤野雅彦報告は，経営学の成立は労働の変化によるものであるとし，その後の労働の変化を追うことを通して経営学との関りを明らかにする。

(1)　19世紀後半からの第2次産業革命による工場制度の確立で，雇用形態が間接雇用から直接雇用になり経営学が成立した。働き方が「穴だらけの時間」の自律的から「連続的な時間」の他律的となり，「からっぽの時間」の欲求を生み出し，レジャーが楽しまれるようになった。

(2)　20世紀に入り，標準化の徹底による大量生産方式で，正規雇用による働き方が「当たり前の社会」となる。経営学は合理性を求めつつ，勤労意欲を確保する術で貢献した。20世紀後半は多品種少量生産方式となり，現場の智慧，創意工夫が求められ，「遣り甲斐」をもたらした。

(3)　20世紀末，第3次産業革命によって産業構造が変化し，「働き方」が直接雇用から間接雇用へ回帰した。仕事の平準化は困難となり，人手不足とともに長時間労働が当たり前になっており，「労働の概念は確実に時代ごとに変化している」とされる。

(4)　こうした時代ごとに変化してきた労働のあり方を踏まえ，「労働概念の変遷と経営学の関係」を示す。経営学は直接雇用に伴う直接管理のために

生まれ，直接雇用の一般化によって経営学も順調に発達した。しかし，間接雇用への回帰によって，労働者は燃料と同じ資源として考えられ，人的資源管理が生まれて総量管理となった。このことから経営学の意義が消え始め，「経営学は，どこへ行くのであろうか？」との疑問を提示する。

3．「労働」概念の，何を問うたのか

サブテーマⅡは，時代の移り変わりに基づいて「労働」の意味内容の変遷を追い，その概念及び構成要素にどのような変化があり，理論展開がなされてきたかを明らかにする。そして，それが現代的課題に対して如何なる意味を有するのかを問うものである。

二つの報告は，基本的にその流れに沿って行われているが，その具体的な考察には大きな違いがある。時代の流れを大きく2つに分けていることは同じであるが，庭本は生産過程を，澤野は雇用形態を軸にして考察を行い，結果として，その結論も大きな違いとなって表れている。それぞれの主張について若干の考察を行ってみよう。

まず，報告の順序とは異なるが，澤野報告を取り上げてみる。氏は，経営学の存立基盤を雇用形態に求める。機械化による工場制度の確立によって，雇用形態がそれまでの間接雇用から直接雇用になったことに経営学の成立を求めた。直接雇用が直接管理となり，直接管理は時間管理を意味し，「働き方」が自律から他律となったのである。しかし，それに以降の考察についての説明が必ずしも充分とは言えず，いくつかの疑問が生まれてくる。

例えば，他律的な働きが「からっぽの時間」をもたらし，レジャー志向という結果を生み出したとするが，こうした状況では，労働とその担い手の人間との関り方がどのようなものであったのであろうか。また，「標準化」を突き詰めた大量生産方式が人々に安定した働きを与え，「幸せの社会」がもたらされたとしているが，これは，C・チャップリンの「モダンタイムズ」とは異なるものと受け取られ，もう少し説明が望まれる。さらに，多品種大量生産方式となると，長時間労働でありながら「遣り甲斐」があったというが，「遣り甲斐」をもたらす労働過程はどのように捉えられるのか，その概念構成の内容が求められよう。

　そして，第三次産業革命によって雇用形態が間接雇用の回帰となり，直接雇用が脅かされることから経営学の存立が問われるとする。しかし，そうした断定のためには，間接雇用では労働過程がどのようになり，「個別管理」と区別される「総量管理」が具体的にどのような管理なのかの説明が必要とされよう。

　澤野には，間接雇用の雇用形態では，経営学における「労働」概念は必要でなくなるという考えがあるように思われるが，最後に述べた「経営学は，どこへ行くのであろうか？」という言葉は，経営学の研究者自身の在り方が問われるものと考えるが，いかがであろうか。

　これに対して庭本報告は，H・アレントの人間能力の基本要素を踏まえ，「労働」に関わる概念を整理したうえで，歴史を「近代」と「現代」に分け，生産過程の変遷に伴う労働過程に関わる現象を説明し，その後に「マネジメント」研究の成果を論じていることは評価できる。特に，労働者と労働力との同義的取り扱いから，労働者管理と労働力管理の区別を明らかにして意味内容の変容を示し，そして現代的課題をその視点から問題提起したことは，統一論題に応え得るものである。

　しかし，あえて言えば，庭本は人間の生活実践という基本的立場に立っていると理解できることから，アレントの「労働」，「仕事」，「活動」の諸概念を活用して生産過程の変遷をもう少し整理して述べる方が，テーマの「労働」概念の変遷に対し，より明確な論理的繋がりを持たせることができるのではないであろうか。

　そして，「労働と人のマネジメント論の学史的展開」を論じているのであるから，現実の労働過程の変遷に対応させて，人事管理論，行動科学的労務管理論，人的資源管理理論の概念的枠組みの関連性とその相違を示し，その検討を通して問題を浮き彫りにさせ，理論的課題を明らかにすることが望まれよう。そうすることによって，「労働」概念に対する経営学史の研究がより鮮明となると思われるからである。

Ⅳ．むすび：経営学の「概念」を問う

　第 27 回全国大会の統一論題は，「経営学の『概念』を問う」ものであっ
た。これまでの大会では，このような「概念」そのものを真正面から取り上
げることはなかったように思う。この統一論題は，「学」としての経営学の
歴史研究を行う経営学史学会にとって相応しい論題であったと受け止めてい
る。ただ，シンポジウムでの議論が必ずしも活発ではなかったことは残念で
あり，これは偏に司会の不徳の致すところである。

　基調報告では，概念には「一定の志向性」があることが指摘されている
が，「志向性」そのものの意味が説明されていないのが惜しまれる。「志向
性」を現象学的に理解すれば，概念には特有の意識があり，その意識が明ら
かにされるべきであるが，藤沼が示した 3 つの内容は，その意識内容を明ら
かにしようとしたのではないかと推察される。

　概念の持つ「一定の志向性」とは，T・クーンによる両義性，「概念枠組
みは，具体的な研究の指針であるとともに知識を組織化する世界観的枠組み
でもある」との理解に求められる。前述したように，このクーンのパラダイ
ム論を契機に方法論の相対化，認識論の多元化がもたらされたのである。ま
さにサブテーマⅠでは，「存在論の意見の相違は概念枠組みの根本的相違を
巻き込んでいる」（W・V・O・クワイン）ことになったが，当学会で存在論
からの経営学への挑戦がなされたことは大変望ましいことである。

　かつて池内信行は，経営学の最も重要な方法として「學的考察によるそ
の基礎づけ」を重視し，歴史的に生まれた「それぞれの学説を支える科学理
念の正当性と妥当性とが原理的に確かめられるのでなければ，問題の原理的
解明は到底期待できない」としている。このことは，経営学の存在論的究明
こそが経営学史的研究において求められることを意味していると言えよう。
サブテーマⅠで明らかになった方法論の違いを踏まえて，いかにして「理解
可能性」もたらすような基盤づくりを行うか，学会にとって新たな課題が提
示されたと言える。

　もちろん，経営学は現実から出発し，現実そのものから問題を受け取り，

概念枠組みを通して解明を行う。経験対象としての経営存在を歴史的，社会的基盤に即して問題を追い，それらの問題を認識する概念枠組みでどこまで解明できるのか，である。そして，その有効性と限界を明らかにし，その限界を乗り越えるために新たな概念構築を目指して理論展開を行うことは，経営学史研究にとって不可欠な活動である。「『労働』概念を問う」サブテーマⅡでは，この学史研究の方法に沿った報告であったと言える。

　その際に，時代背景を踏まえた現実の世界と概念枠組みの理論の世界の対応関係が明確となっていることが求められる。それゆえに，経営学史研究の方法の確立に向けた研究が進められ，それが研究者の間で共有されることがなお一層必要であり，不可欠であると言えよう。

　この度の統一論題は，筆者にとって極めて有意義であり，また多くを学び得たことを申し添えたい。

参考文献

Barnard, C. I. (1938, 1968), *The Functions of the Executive*, Harvard University Press. （山本安次郎・田杉競・飯野春樹訳『新訳　経営者の役割』ダイヤモンド社，1968年。）

Harari, Y. N. (2015), *Homo Deus: A Brief History of Tomorrow*, Dvir Publishing. （柴田裕之訳『ホモ・デウス——テクノロジーとサピエンスの未来——（上・下）』河出書房新社，2018年。）

Kuhn, T. S. (1957), *The Copernican Revolution: Planetary Astronomy in the Development of Western Thought*, Harvard University Press. （常口敬一訳『コペルニクス革命』講談社，1989年。）

Quine, W. V. O. (1953, 1980), *From a Logical Point of View: 9 Logico-Philosophical Essays*, 2nd ed., revised, Harvard University Press. （飯田隆訳『論理的観点から——論理と哲学をめぐる九章——』勁草書房，1992年。）

Witzel, M. (2017), *A History of Management Thought*, second ed., Routledge.

池内信行 (1949)，『經營經濟學史』理想社。

上林憲雄編著 (2016)，『人的資源管理』中央経済社。

榊原研互 (2008)，「超越論的実在論の批判的検討——R. バスカーの所説を中心に——」『三田商学研究』第51巻第4号。

坂本雅則 (2007)，『企業支配論の統一的パラダイム』文眞堂。

坂本雅則 (2008)，「構造的支配——権力パラダイムの学説史的位置づけ——（3・完）」『経営学論集』第47巻第4号。

中條秀治 (2005)，『株式会社新論——コーポレート・ガバナンス序説——』文眞堂。

中條秀治 (2013)，「団体概念の起源——神秘体 (corpus mysticus) とは何か——」『中京経営研究』第22巻第1・2号。

野家啓一 (2007)，『増補　科学の解釈学』筑摩書房。

山本安次郎 (1971)，『経営学本質論　第四版』森山書店。

吉原正彦 (2018)，「経営学史研究の挑戦——その持つ意味——」経営学史学会編『経営学史研究の挑戦（経営学史学会年報 第25輯）』文眞堂。

7 改めて「企業」概念を問う
──坂本報告と中條報告の討論者の視点──

水 村 典 弘

Ⅰ．はじめに──経営学史学会の問い──

　統一論題サブテーマⅠは，「『企業』概念を問う」と設定された。この「問い」に対する切り口のひとつとして，学史学会は「概念の変遷史」を提示した。つまり，「企業」概念が経営学の歴史展開過程でどのような取扱いを受けてきたのかを丹念に検討することである。次いで，「企業」概念とその体系としての経営学の展開可能性と，20世紀以降の現代社会の基本的な生活・実践様式を提供・規定してきた「企業文明」の展開可能性を学史の視角から検討することとされた。

Ⅱ．経営学史研究における「企業」概念

　経営学史学会年報の第1輯（1994年5月発行）から第25輯（2018年5月発行）に掲載された論文タイトル（N=334）を分析すると，「経営学」（n=113）が最頻出語で，「経営」（n=85），「組織」（n=83），「企業」（n=54）と続く。

　サブテーマⅠで取り上げた「企業」については，①日本及び諸外国・地域における企業の在り方を記述的に研究した論文（用例：日本企業，アメリカ企業，ドイツ企業など）（n=24），②経営諸学説の歴史的展開の軌跡を分析的・批判的に研究した論文（用例：企業管理論，企業組織論，企業支配論など）（n=12），③その他（用例：企業経営，企業家など）（n=18）となる。サンプルサイズは限られているものの，「企業」という言葉を用いた学史学

会の会員は，国や地域によって異なる「企業」の在り方と，経営学の各研究領域の歴史的変遷に照準を定めてきていることが分かる。

　日常生活にも溶け込んだ「企業」という言葉は，これまでの経営学研究や経営諸学説で広く採用されてきている。しかし厄介なことに，日本語表記「企業」は，個人企業・共同企業，組合企業・法人企業（会社），合名会社・合資会社・株式会社を包摂するため，それ一語を以て何を意味するのかが必ずしも明確ではない。このことを改めて気付かせる今大会のサブテーマⅠ「『企業』概念を問う」は，学史学会の会員にとっては根源的な問いである。

　では，サブテーマⅠは何を議論すべきなのか……。討論者としては，①「企業とは何か」，②「経営学は企業をどのように捉えているのか」についての足並みを揃えることが必要だと考えた。前者は，「企業」という概念を改めて規定し，「企業」という言葉の意味と内容を明らかにするためである。後者については，経営学理論の歴史的研究者や経営諸学説の「企業観」を浮き彫りにするためである。

Ⅲ．報告について──討論者の視点から──

1．坂本報告

　「批判的実在論から見た「企業」概念の刷新」と題した報告は，「企業」概念の変遷史に焦点を絞って，①経営学説（＝アメリカ経営学説，ドイツ経営学説，日本における批判的経営学説）がどのような「企業」概念を認識論的な前提としているのか，②構造的支配─権力パラダイムにおいてどのように「企業」概念を把握するのか，について緻密な論理を組み立てて論じるものであった。〈統一論題趣意文〉に記載された「『企業』の役割ならびに影響範囲」に対応した氏の主張は，「企業という社会事象には，多くの利害関係者（人間主体）が関わっており，各々は異なった時間的に先行する条件（社会構造）を前提として活用している」（坂本 2019, 21頁）の一文に表れている。明確な言及こそなかったものの，報告における「企業」は，「企業」の英語表記 "firm" を彷彿させた。そうなればこそ，報告の全体は，Coase (1937) に基点を置く「企業の理論 (theory of the firm)」

や，Jensen and Meckling（1976）の提唱した「契約の連結体（nexus of contracts)」との親和性が高かったのではないだろうか。加えて，氏の関心が「企業という社会事象をどのように描くのか」（坂本 2019, 20頁）に向けられ，「企業とは何か」を脇に置いたのも納得できる。後者については，Cheung（1983, p. 3）が記したように，「企業が何であるかを正確に知ることはできないし，知る必要もない」からである。しかし，門外漢ながら，かつて経済学者の理論的関心を集めた「企業の境界はどこか」という問いと，「企業とは何か」という問いは，異なる次元に存在するのではないか。氏は，現在に至るまでの経営学研究や経営諸学説の歴史的展開過程において「企業」概念がどのように取り扱われてきていると考えるのであろうか。

2．中條報告

「21世紀の企業観——グローバル社会における corpus mysticum——」と題した報告は，「21世紀の企業観」に照準を絞って，「自己利益追求のための会社観」に替えて，「世のため」「人のため」という利他的動機を原動力とする「公器としての会社観」を取り上げる必要性を説く。「企業観」「会社観」を俯瞰的に捉える中條報告は，英語表記 "company"・"corporation" や，「神秘体」「人を超えたフィクション」を意味するラテン語 "corpus mysticum" に焦点を定めて議論を進める。討論者が問うた「企業とは何か」については，イスラエルの歴史学者 Harari, Y. N. の言説を引く氏の目から見れば，法人の形態を採る「企業」もまたそれを信じる人々が共有するフィクションに過ぎないとなるのであろうか。経済史や歴史学等々の視点を大胆に取り込んで展開される氏の報告は，〈統一論題趣意文〉に記載された「『企業』概念とその体系としての経営学の展開可能性」「企業文明の展開可能性」に重点を置く。では，氏の用いる「企業」という言葉は何を意味するのか。予稿集や当日の発表から推測するに，氏の云う「企業」は「会社」ないし「株式会社」を意味していたのではないか。そうだとして，これまでの経営学研究や経営諸学説で取り上げられた「企業（＝株式会社）用具説」にもそれなりの物語があったはずである。また，氏が「捨て去るべきだ」とする「新自由主義の企業観」は，確かに人々を幸せにする物語を紡ぎ出すこ

とはできないのかもしれない（中條 2019, 23 頁）。でも本当にそうなのであろうか。「会社それ自体（法人）」の良心を貫くために，非公開会社という選択肢もあるのではないか。機関投資家の発言力が，氏の云う株主資本主義の軌道を修正してきたのではないだろうか。行き過ぎた株主資本主義の軌道を修正するために，国や地域を問わず，現行法制度の下で様々な改革が行われているのではないだろうか。

Ⅳ．改めて「企業」概念を問う——概念化と意味の変化と性質——

　討論者は，「はじめの一歩」と題して，報告者に対して「『企業』の概念規定は？」「『企業』概念の意味内容の変化の意味するところは？」を問うた。日本語表記「企業」は曖昧性を否定できないからである。もとより討論者は，サブテーマⅠの報告内容や主張に異議を唱えるものではない。ただ単に，日常語としても親しまれる「企業」という言葉の使用と理解に正確性を期すべきだと考えたからである。

　「企業」という概念の内包はいったい「何」なのであろうか。言い換えるなら，「企業」という概念が適用される事象に共通した性質の集合について，報告者はどのように考えるのであろうか。あるいは，学史学会の会員はどのように考えるべきなのであろうか。現代に連なる経営学理論の歴史的研究者の書き残した「企業」という言葉の意味は，時代の変化とともに変化してきているのであろうか。それとも，普遍なのであろうか。討論者が今も自身に問いかける「問い」である。

　経営学史学会が第 27 回全国大会のサブテーマに掲げた「企業」は実際に存在する。我が国には 400 万社前後の個人企業（個人経営の事業所）が存在するという。当学会の会員の誰もが知るであろう国税庁「（平成 28 年度分）会社標本調査」によれば，267 万 2033 社の法人企業が存在し，利益計上法人数は 97 万 698 社だとされる。次いで，国内の上場会社数は，3794 社（重複上場を除く）だという。では，両報告者の云う「企業」は，上記のどれに相当するのであろうか。それとも，統計データには現れ出ない観念上の「企業」なのであろか。もし後者なのだとしたら，報告者が再定義する前の「企

業」概念を改めて問うてみたい。

参考文献

Cheung, S. N. S. (1983), "The Contractual Nature of the Firm," *Journal of Law and Economics*, Vol. 24, pp. 1-21.

Coase, R. H. (1937), "The Nature of the Firm," *Economica*, n.s., 4, pp. 386-405.

Jensen, M. C. and Meckling, W. H. (1976), "Theory of the Firm: Managerial Behavior, Agency Costs and Ownership," *Journal of Finance Economics*, Vol. 3, Issue 4, pp. 305-360.

坂本雅則 (2019),「批判的実在論から見た「企業概念」の刷新」『経営学史学会第 27 回全国大会予稿集』13-22 頁。

中條秀治 (2019),「21 世紀の企業観——グローバル社会における corpus mysticum——」『経営学史学会第 27 回全国大会予稿集』23-32 頁。

深田智・仲本康一郎 (2008),『概念化と意味の世界——認知意味論のアプローチ——』研究社。

8 現代的課題への学史の挑戦と『労働』概念
──庭本報告と澤野報告に対する討論者の視点──

風　間　信　隆

Ⅰ．はじめに

　経営学史学会第 27 回全国大会の統一論題は「経営学の『概念』を問う──現代的課題への学史の挑戦──」と題して「企業」概念と「労働」概念を巡って 4 人の報告が行われた。その際，藤沼司氏（青森公立大学）は統一論題の基調報告において，「経営学において繰り返し問われてきた主要『概念』の考察を通じて，「現代的課題」の解決に挑戦し，経営学史研究の意義・価値を示すこと（予稿集，3 頁）を強調される。サブテーマⅡのセッションでは庭本佳子氏（神戸大学）による「経営学における労働概念の変遷──労働から仕事・キャリアのマネジメントへ──」，澤野雅彦氏（北海学園大学）による「経営学の時代と労働」と題する報告が行われた。両者とも資本主義的労働の変遷過程の歴史的な考察を踏まえながらも，庭本報告が他律的な「労働」から自律的な「仕事・キャリア」の展開というポジティブな側面を強調する一方，澤野報告は「直接雇用から間接雇用」への展開によりワーキングプアや派遣切り，さらには長時間労働・過労死というネガティブな側面を強調している点で際立っている。

　小稿はこのセッションの報告内容と意義を明らかにしつつ，なお克服されるべきと筆者が考える課題についても明らかにする。

II. 労働概念の歴史的変遷において

1. 報告者の主張

　庭本報告は，「経営とりわけ労務管理及び人的資源管理において，労働過程のどのような側面がマネジメントの対象となってきたのか，働く人々の労働実践がどのように考察されてきたのか」（33頁）に取り組んでいる。そこで資本主義的「労働」が「仕事」化していく歴史的変遷を辿るとともに，労働と人のマネジメント論の学史的展開が，人事管理，行動科学的労務管理，人的資源管理そして「仕事とキャリアのマネジメント」の展開として考察される。その結果，時間・賃金，労使関係といった，労働概念をこれまで規定した労働の意味の多様化が進み，今日では従来の労働概念では捉えきれない現象が生まれており，労働の効率化・市場化が進む一方，「情報とコミュニケーション」を基盤とする，新たな「非物質的労働」の出現により，仕事を通した新たな協働の関係性も生まれている（36頁）。さらに「労働は労苦を伴う生産活動という以上に，『仕事』や『活動』の性質を現実にもちつつ」（39頁）あり，「労働は，もはや個別資本や経営者・使用者との関係のみではなく，多様なステークホルダーとの関係，個人のキャリアや生活との関係を包摂した意味合いで捉えられる必要がある」（39頁）。知識労働者など多様な勤労者の労働過程を顧慮すると「労働の仕事化」において強い自律性や学習意欲，キャリア志向を組み込んだ従業員管理が必要となっていること，従業員管理の個別化が進み従業員の自律的な働き方を支援し，能力とモチベーションをともに高めようとするマネジメント志向が生まれていること，労働の持つ意味の変容に応じて，従業員の個別的な仕事・業績管理に工夫の必要がある。というのも仕事の多くがチーム活動として展開される一方，仕事は完全に個別化されえず，従業員のチームメンバーとしての仕事やチーム力学についての知見とマネジメントの変革が必要であることを明らかにしている。

　以上のように，庭本報告は「労働」の概念の歴史的展開過程を踏まえて，① 現代の労働の特質を，「労働の仕事化」，自律的な「チーム労働」に求め

るとともに，②「労働」に対する人のマネジメントの発展段階を，人事管理，行動科学的労務管理，人的資源管理に分けてその特質を明らかにしつつ，現代では仕事・キャリアのマネジメントへの重要性が高まっていることを明らかにした点に意義を認めることができる。

　これに対して，澤野報告は「19世紀から21世紀を見通しながら，『労働』がどう変わり，経営学がどう関わってきたのか」に関して経営史的考察を踏まえ「労働」概念の変遷をたどる。つまり，テイラーの科学的管理，フォードの大量生産方式は「標準化」を追求するものであり，「合理的な生産を設計しながら，労働者の勤労意欲を維持する」経営学が大きな貢献を行った一方，1970・80年代に関心を集めたトヨタ生産方式は，多品種少量生産を実現し，労働者の教育にもとづき，現場の智慧，創意工夫によって成り立ち，「長時間が基本で，過労死などもあったが，・・・頑張ればその分の見返りが得られると信じられていたため，かなりやり甲斐の感じられるものであった」（46頁）。20世紀末，「かつて世界を席巻した日本的生産方式も，世界標準となり，・・・その競争優位性は失われ」（46頁），第3次産業革命と言われる構造変化の下で，雇用の規制緩和が進み，「ヒトの働き方が，19世紀に戻ろうとしている」（47頁）。間接雇用から直接雇用への社会変化に伴うノウハウの供給が経営学の存在意義であったのであるが，逆に人の働き方が19世紀型に戻ろうとしており，間接雇用の拡大によって経営学の意義が消え始めている（47頁）と結論付けるのである

　以上の澤野報告の意義は①経営学の存在意義を大量の労働者の直接雇用に求め，19世紀から21世紀までの技術，産業，企業の変化に対応した労働概念の変化と経営学の意義を明らかにしようとしている，②経営学の現代的課題である非正規・間接雇用，貧困問題の広がりをソフト化・サービス化という産業構造の変化と「労働」概念の変化として論じようとされている点にある。

2．若干のコメント

　以上の二人の報告は，統一論題のテーマに真摯に取り組み，いずれも労働概念の歴史的変遷過程を辿りながら，経営学が取り組むべき現代的課題を明

快に剔抉している点で経営学史研究の意義が説得的に示されている。しかし，議論を通じて筆者の多くの疑問は解決できたが，残された問題点を以下のように挙げておきたい。

庭本報告に対しては，何よりも余りに資本主義的労働過程への「光」に焦点を当て，「影」の部分への言及がない点が依然として筆者にとっては疑問を感じざるを得ない。庭本報告では，グローバル市場主義の下での労働の合理化・効率化の進展を認めながらも，チームワーク，労働から「仕事」や「活動」の性質，強い自律性や学習意欲，キャリア志向が強調される。働く人々の自己実現や成長が強調される。こうした理解は，少数の，高度化する「戦略的コア人材」には当てはまるとしても，多数を占める，「周辺の」労働のあり方の理解にどの程度意味を持つかが問われている。我が国ではすでに非正規雇用は約4割にも達しており，さらには依然として雇用において大きな割合を占める中小零細企業で働く人々や大企業で働くブルーカラー労働者は，本報告の主張する「労働の仕事化」の対象外，「忘れられた人々」とならないのかが問われている。こうした「忘れられた人々」を包摂できるチームワークがもっと議論されるべきと思われる。

澤野報告に対してはまず論理があまりに単純・粗雑すぎるのではないかといわざるを得ない。というのも，経営学の存在意義を直接雇用に求め，現在では間接雇用が増加しているがゆえに経営学の存在意義が消失しているという主張はあまりに論理が飛躍しているし，歴史的事実とも異なる。米国経営学の成立を大企業の成立とテイラーの科学的管理に求めることは通説化しているものの，経営学の存在意義が「直接雇用」にだけあるわけではないし，経営学誕生の背景は現場管理の問題だけではなかった。この点で，当時の技術革新と労働の変容との関係についての掘り下げた分析が求められる。また大企業体制の成立は高度の経営技術・管理技術・会計技術を求めるようになっており，そうした専門人材養成の必要性も経営学の成立を促していたように思われる。しかも，間接雇用が増え，これが大きな社会問題となっていることに同意するものの，直接雇用がなくなっているわけでもなく，これで経営学の存在意義は消えたとは到底言えない。庭本報告が明らかにしているように「戦略的コア人材」の重要性はますます経営学の存在意義を際立たせ

ているとも言える。

　討論者としては以下の３つの論点が残されているように考えている。すなわち，1) 現代社会において共的セクター（NPO/NGO 等）の役割がますます重要となっている。経営学において共的セクターの「労働」のあり方について理解を深めることがますます重要となっている。2) 第４次産業革命（「デジタル・ネットワーク社会」）の下で今後ますます標準化された労働の人工知能やロボットへの代替が進むことが予測されている。社会の分断を防ぐために「忘れられた人々」をも包摂し，学び直しを組み込む，新しい「チーム労働」を構想することが経営学に求められている。3) 我が国でも英米流の新自由主義的な株主重視経営を標榜するコーポレート・ガバナンス改革が進められている。こうしたガバナンス改革のアングロサクソン化は日本企業の雇用や現場のあり方にも大きな影響を及ぼし，ブラック企業の発生，データ改ざん，燃費偽装，不正会計など企業の現場の労働の質の劣化・悪化をもたらしている。これをどのように解決するのかは経営学の大きな挑戦となっている。

第Ⅲ部

論　攷

9 ペンローズの企業成長理論と 「資源・能力アプローチ」

黄　　雅雯

Ⅰ. はじめに

1959年に刊行された Edith Penrose（以下ペンローズ）の *The Theory of the Growth of the Firm*（邦訳『企業成長の理論』［第3版］）は経営戦略論領域においてリソース・ベースト・ビュー（Resource-Based View, 以下 RBV）のアプローチにもとづく一連の研究の重要な基盤と思われる（Teece 1982；Wernerfelt 1984；Kor and Mahoney 2000；Lockett and Thompson 2004）。同書の RBV への重要な影響力について，「聖書的な参考書（Canonical Reference)」という造語でたとえられているように，経営戦略論の発展に多大な影響を与えたといえよう（Cockburn, Henderson and Stern 2000)。

しかしながら，Teece（2009）が「ペンローズの知的遺産はよく引用されるものの，ほとんど読まれていない彼女の仕事は，現代的な事業戦略の資源ベース論，組織のルーティンやケイパビリティに関する理論の，主な基盤の1つとなされる」（114頁）と述べているように，ペンローズの議論は RBV の諸研究の先駆的業績とされる一方，注意深く読まれていないのが現状である。また，Blundel（2003）が指摘しているように，ペンローズの複雑で総体的な議論は，今までそれぞれの学術領域によってチェリー・ピッキングのように引用されながら別々の議題を追求されてきた。上記のように，高い引用率は，必ずしも著者のオリジナルのアイデアがより深く理解されたこと，そしてペンローズの議論を前進させたことを意味しないといえよう。

そこで，本研究の目的は，RBV 研究におけるペンローズの『企業成長の

理論』(Penrose 1995 [1959]) の位置づけを再確認することである（以下
1995 年に出版された同書の第三版の邦訳からの引用は頁数のみ）。本研究は
次にように構成される。まず，ペンローズによって展開された議論のロジッ
クや内容を明らかにする。次に，RBV の代表的な研究をレビューし，ペン
ローズの学説が RBV の諸研究に影響を及ぶきっかけを確認する。そして，
ペンローズが RBV の諸研究の先駆的業績とされる議論についてのレビュー
をし，整理を試みる。

Ⅱ．ペンローズの『企業成長の理論』における主要な議論

1．企業，資源と生産的サービスの定義

　ペンローズは，1951 年にメリーランド州ボルチモアに本部を置くジョン
ズ・ホプキンズ大学（Johns Hopkins University）で経済学者としてのキャ
リアを始めたと同時に，オーストリア出身の経済学者で指導教授の Fritz
Machlup（以下マハループ）の企業成長研究のプロジェクトに携わり，こ
のプロジェクトでの調査は『企業成長の理論』の出版のきっかけとなった
(Pitelis 2009)。
　企業の成長の調査が目的である同プロジェクトに誘われたことに対し，ペ
ンローズがこの主題の討議のために，理論経済学の会社理論についての文献
を精査した（Penrose 1985, p. 147）。その結果，「企業を現実の世界の一つ
の管理組織体として定義し，その成長に関心をもつ理論家にとってはまっ
たく違った企業の概念を用いることが必要である」（36 頁）と述べ，企業の
機能から企業の定義を引き出し，企業成長の理論を展開した。そこで，ペン
ローズは，「企業は 1 つの管理単位というだけではなく，生産資源の集合体
でもある。その生産資源は管理上の決定によって，さまざまな用途や時期に
配分される」（48-49 頁）と企業を定義している。言い換えると，企業は，
人々の目的にかなうために人々によってつくられる機関である。
　管理組織体としての企業（37-41 頁）の定義に続いて，ペンローズは資源
からサービスを引き出すという企業の内部にある機能的側面に注目し，経営
資源と経営資源から引き出しうる生産的サービスとを区別した。ペンローズ

は「厳密にいえば，生産プロセスにおける「インプット」は資源そのもので
はなく，あくまでも資源が提供できるサービスにすぎない。資源によって生
み出されるサービスは，それらが用いられる方法の関数である。・・・「サー
ビス」という言葉自体がある機能やある活動を意味している」(50頁) と述
べている。

　また，「経営陣の経験が，企業のほかのあらゆる資源が提供できる生産的
サービスに影響を与えるということが示される。」(26頁) と述べているよ
うに，その資源から引き出しうるサービスを実際に事業として活かすために
は，企業の有するさまざまな資源についての知識を備えた経営者資源の果た
す役割が重要であることを示している。

2．企業成長の内部的誘因

　「資源のプールとしての企業」(210頁) の生産活動は企業の「事業機会」
と呼ぶものによって支配されている。「この事業機会とは企業者が見出し，
かつ，活かすことができる，製品やサービスのあらゆる可能性」(91頁) と
述べているように，外部環境の影響は企業の外側にある固定して不変なもの
ではなく，その企業者が把握するものと解釈している。そして，「外部環境
の絶えざる変化にともなう企業内の生産的サービスや知識の絶えざる変化
は，企業の事業機会を常に変化させる」(210頁) ように，企業成長を誘発
するメカニズムの重要な媒介物となるのが知識の変化である。

　知識には2つの形態がある。1つ目は，他人に形式的に表現し，伝えるこ
とができる「客観的知識」と呼ぶものである。2つ目は学習の結果であり，
自身の活動から生じる「経験」である。生産的サービスの多くは，時間の経
過とともに企業の業務のなかで得られる経験によって知識が増加することで
作り出されるため，そうした未利用の生産的サービスは，拡張のための新し
い可能性とともに，拡張のための一つの内部的誘因を提供する (87-89頁)。

　言い換えると，経験とともに企業者の知識が蓄積されれば，生産活動に投
入できる生産的サービスの増大をもたらす。さらに，知識が増加すれば，企
業者が把握する外部環境に対する認識にも影響を与える。このように，企業
者の知識の増加は，企業内にある未利用の生産的サービスの利用可能性を高

めることによって，企業の新たな成長の機会の発見を促す。いわゆる，成長
の経済性が利用可能となるのは，企業内に未利用の生産的サービスが絶えず
創造されるプロセスの結果である（149頁）。

　「未利用の生産的サービスは，企業者精神に富む企業にとっては同時に革
新への挑戦課題であり，拡大への誘因であり，また競争優位の源泉でもあ
る。」（129頁）との指摘もあるように，企業の人材が有する知識と企業の物
的資源から得られるサービスとの間には，密接な関係がある。このように，
ペンローズは『企業成長の理論』において，企業者，資源，および資源の
サービスの動的な相互作用を描き，企業の成長を企業者，および社内の知識
や経験の発展と蓄積を通じて拡張をもたらす動的プロセスとしてとらえた
（Kor and Mahney 2000, p. 113）。

3．規模の経済性と成長の経済性

　『企業成長の理論』において，ペンローズの研究問題は，「成長しうる企業
があると仮定するならば，その成長を支配する原則は何か，そしてどれだけ
速く，またどれだけ長く成長できるのか」ということである（29頁）。その
研究目的に照らした企業の定義の重要な一側面として，1つの自律的な管理
上の計画立案単位としての役割が含まれる。またこのような単位の運営は，
「最高経営陣」の方針の下で行われる（38-39頁）。

　企業者，資源，および資源のサービスの動的な相互作用として捉えられた
企業成長の過程においては，これらの資源のもたらす機会の活用は，企業規
模とは全く無関係な場合もありうる。そのため，企業内に未利用の生産的
サービスが絶えず創造されるプロセスの結果として，ペンローズは特定の方
向への拡張を有利にする，個々の企業が利用しうる内部の経済性のことを成
長の経済性と呼ぶ（149-151頁）。これは，理論経済学における企業の「最
適規模」という考え方と，対極をなす考え方となっている。

　そこで，ペンローズは規模の経済性と成長の経済性の差異と関係性につい
て説明し，論証している。「大企業のもつ名声は，彼らのもつ開発，実験，
および革新の能力にもとづいている。この能力こそが・・・拡張における経
済性の多くを生み出すのである」（353頁）。しかし，成長の経済性は存在す

るが，規模の経済性は存在しない場合がある。それは，「いかなる時点でも
成長の経済性が利用可能となるのは，企業内に未利用の生産的サービスが絶
えず創造されるプロセスの結果である。それらは，規模の経済性でもあるこ
とも，また，そうでないこともある」（149頁）からである。要するに，「成
長の経済性の大きな特徴の一つは，それらが特定の企業の有する特定の生
産的資源の集合に依存するということであり，これらの資源のもたらす機会
の活動は，企業規模とはまったく無関係な場合もありうるからである」（151
頁）。

　換言すれば，「成長の経済性はあらゆる規模の企業に存在する。それゆ
え，いかなる規模の企業であれ，成長は，企業の観点からも経済全体の観点
からも資源の効率的な利用である可能性がある」（353頁）。企業成長の定義
と相まって整理すると，企業成長とは絶えず生み出される未利用の生産的
サービスを活用する動的プロセスである。また，未利用の生産的サービス
の発見と活用は，知識の増大によって誘発される。したがって，資源を効率
的に活用していなければ，いかなる時点であれ達成された規模は，それに見
合った優位性を持たない可能性があると示唆してくれる。

4．拡張の方向および成長経済における競争

　完全競争市場と財の同質性を基礎とする新古典派経済学に対して，ペン
ローズは異なる見解を展開している。「どんな企業であれ計画の原点は，そ
の企業の資源やそれらが提供しうるサービスによって限定されている」（130
頁）ため，「多くの資源が多様なサービスを供給できるという事実は，企業
の事業機会にとってきわめて重要である。それぞれの企業に独特な特徴を与
えるのは，企業の資源から得られる，あるいは得られる可能性のある生産的
サービスの異質性であり，同質性ではない」（119頁）と述べている。

　換言すれば，同じ資源であってもそれを用いる人々がその使い方について
異なる方法で異なる目的に用いる可能性があるため，諸資源に含まれるサー
ビスの異質性が企業間の根本的な差異を生む。また，「企業にとって意味の
ある製品市場の選択は，企業が「継承した」資源，すなわち，企業がすでに
もっている生産的サービスによって必然的に決まる」（126頁）と述べ，企

業の拡張の方向性は，既存の資源の性質やそれらが提供できる生産的サービスのタイプや範囲に密接に関連していることを指摘している。

　また，企業が「継承した」資源は拡張の戦略にも関連している。「主として製造の専門化領域における高度な能力や技術的知識に基礎をおく多角化や拡張は，最大級の企業の多くにみられる特徴である。このタイプの能力は，それが実現する市場での地位と相まって，企業が築くことのできる最も強力で永続的な強みである」(175頁)。また，「長期的には，企業の収益性や存続や成長は，広範に多角化した製品の生産を組織化する効率性よりもむしろ，不確実で変化する競争的な世界のなかでその業務を適応させ，また拡大させることのできる一つもしくはそれ以上の広く比較的変わりにくい「基盤」を確立していく企業の能力にかかっている」(196頁)。このように長い順調な成長の歴史をもつ企業の強みは，あるきまったタイプの資源や技術の活用とある決まったタイプの市場の開拓に関して基本的地位を確立し維持してきた戦略にあることがわかる。

　ただ，資源に限りがあるため，企業は自社の優位が最大である分野にもっとも有利な拡張を見出し専門化していくなか，「大企業に放置されていた間隙は小企業にとっての事業機会になる」(310頁)。よって，「いかに大規模であれ，いかなる企業にもある一定の期間に企てうる拡張の量には限界がある。それゆえ，大企業だけで彼らが自ら経済のなかに作り出した有利な投資の機会のすべてを有効に利用できる理由は何もない」(355頁)。

　しかし，「競争は大企業間の闘いの本質である。この闘いは，大企業が従事する広範囲な研究や革新を誘発し，またほとんど強制するものであり，かつ，システム全体に正当性を与えるものでもある。同時に大企業は彼らの努力に対する見返りを期待する。しかし，こうした期待を抱くのは，まさに競争に制限できるからこそである」(355頁)。その結果，企業が大規模になると，支配的な地位を競争から保護するために，経済の成長を妨げる産業構造を作り出してしまうかもしれないと示唆してくれる（355-356頁）。

Ⅲ. ペンローズの『企業成長の理論』と RBV

1. RBV の理論的源流という位置づけ

　周知のように「生産資源の集合体としての企業」(48頁) というペンローズの定義は，大いに RBV に基づく諸研究に引用されてきた。なぜペンローズの学説が RBV の戦略論に重要な影響力を発揮したと思われているのか？

　それは，Teece (1982) と Wernerfelt (1984) という2つの重要な RBV の先行研究に引用されたことがきっかけであると指摘されている (Rugman and Verbeke 2002)。

　Teece (1982) は未利用の生産的サービスをもつというペンローズの企業観が範囲の経済性の本質を表していることを提示した。そのうえに，企業が多角化する目的を説明するために，ペンローズの企業観に依拠することの有効性を述べている。また，Wernerfelt (1984) では，「企業は物的・人的資源の集合体との企業観はペンローズの主要な著作に依拠した」(p. 171) および「企業の最適成長は既存資源の活用と新しい資源の開発とのバランスに関係する」(p. 178) とされ，明示的に Penrose (1995 [1959]) を2回引用している。

　しかし，Teece (1982) と Wernerfelt (1984) という RBV 学説における2つの重要な先行研究に引用されたとはいえ，ペンローズとそれぞれの関心と研究問題が違うことを提起したい。Teece (1982) は株主の富を増やすことに関心をもち，知識の応用・結合によって範囲の経済性を高め，企業価値の最大化を実現することができると論じている。また，Wernerfelt (1984) は資源ポジション障壁という概念を展開し，企業の競争相手との差を説明している。一方，ペンローズは，経営者に持続可能なレントを生み出すための有用な戦略処方を提供することを目的としなかった。言い換えれば，ペンローズの関心は競争均衡にレントがあるかどうかではなく，不均衡現象としての企業成長にある (Foss 1999)。

　石川 (2012) も RBV が，競争均衡において「レント」が生じる条件に目が向けられているシカゴ学派の思想的伝統から深い影響を受けていることを

指摘し，既存の RBV はペンローズの研究と繰り返し，関連づけられている
ことに対して問題視している（9-10 頁）。石川（2012）が指摘しているよう
に，Wernerfelt が「リソース・ベースド・ビュー」という表現を戦略マネ
ジメント論研究に持ち込み，資源間の競争が競争優位の獲得において決定的
に重要であるという認識を示したことは評価できるが，彼は RBV の誕生や
発展に貢献していたかについては必ずしも明確ではなく，大いに議論の余地
がある（13 頁）。

　綱岡（2013）は，1980 年から 2010 年までの期間に，*Strategic Management
Journal* に掲載された論文のうち，「Penrose」および「Wernerfelt」に言
及している論文数のグラフを提示し，ペンローズは Wernerfelt（1984）の
影響によって 1990 年代前半に戦略論研究者コミュニティにおいて注目を集
めるようになったとする仮説を提示している。Wernerfelt（1984）および
Teece（1982）という，初期の RBV の主要研究がともに Penrose（1959）
に依拠していたため，「Penrose（1959）は，企業＝資源観の先駆的業績と
して 1990 年代に「発見」され，「企業＝資源観の起源である」という解釈
が，戦略論研究における支配的言説となっていったと考えられる。」(193
頁）との指摘もあるように，綱岡（2013）も同じく RBV にもとづく一連の
議論とペンローズの主張とを接続させるのは困難であるとの見解を展開して
いる。

2．ペンローズの企業観および動的成長プロセス

　組織の内部分析に主眼を置き，経営資源が重要だという基本認識に立つ
RBV の戦略論者は，企業を資源の集合体として考える点では確かにペンロー
ズの分析視角を受け継いでいる。ただし，ペンローズの『企業成長の理論』
をあらためて確認してみると，彼女は，企業の成長は会社特有の経験や知識
をもつ個々人が果たす機能による結果であるとし，とりわけ，会社特有の継
承された資源と相互作用している管理のダイナミックなプロセスを強調して
いる。したがって，『企業成長の理論』は，本質的には，企業の変化を遂げ
ていく事業機会についての考察である（62 頁）。

　第 2 章第 2 節で述べたように，ペンローズは，資源からサービスを引き出

すという企業の内側にある機能的側面に注目し，経営資源と経営資源から引き出しうる生産的サービスを意識的に区別し，異なる概念として定義している。軽部（2003）が指摘しているように，企業成長の理論の議論においてその骨格となるのは経営資源や生産的サービスという概念である。けれども，近年のRBVにもとづく諸研究では，必ずしも経営資源と生産的サービスとが意識的に異なるものとして議論されることはほとんどない。

また，石川（2012）もRBV研究について「資源の属性を「所与のもの」として位置付け，それがいかにもたらされるかという「動的」な側面を見落としてきた」（15頁）と指摘している。言い換えると，ペンローズの議論に従うと，企業によって知覚された事業機会が違うため，同一の資源でさえ異なった戦略を実現すれば，異なる生産的サービスを得られることになる。このように，企業が保有する資源の差異に着目し，企業間の業績の差異の説明を試みるRBV研究は，ペンローズが議論を展開するロジックと違うことといえよう。

Ⅳ．おわりに

ペンローズの『企業成長の理論』における方法論と議論に立ち返って，彼女の『企業成長の理論』の成立と展開を考察した。そして，ペンローズのRBVへの貢献について再確認した。

ペンローズの議論をあらためて見てみると，RBVにもとづく諸研究は確かに企業を特定の資源の集合体と解釈する彼女の企業観を受け継ぎ，企業間の差異を経営資源の差異によって説明しようと試みる。しかし，綱岡（2003）が推測したように，Wernerfelt（1984）に続く諸研究において，必ずしも原典に当たることなく，Wernerfelt（1984）からの「孫引き」としてペンローズを引用することが一般的になったと思われる（194頁）。

軽部（2003），石川（2012），Teece（2009）が示しているように，ペンローズの資源の集合体という企業観はほぼすべてのRBVにもとづく研究業績において言及・引用されているものの，その理解は必ずしも充分ではない。『企業成長の理論』の全体的な議論に立ち戻り，諸重要な概念を体系化

した研究，時間展開的な視点から諸概念を連関させた企業成長の過程研究を
今後の課題としたい。

参考文献

Blundel, Richard Kenneth (2003), *The growth of 'connected' firms: a re-appraisal of Penrosian theory and its application to artisanal firms operating in contemporary business networks*, The University of Birmingham, Ph.D. thesis.

Cockburn, I. M., Henderson, R. M. and Stern, S. (2000), "Untangling the Origins of Competitive Advantage," *Strategic Management Journal*, Vol. 21, No. 10-11, pp. 1123-1145.

Foss, N. J. (1999), "Edith Penrose economics and strategic management," *International Contributions to Political Economy*, Vol. 18, pp. 87-104.

Kor, Y. and Mahoney, J. (2000), "Edith Penrose's (1959) Contributions to the Resource-Based View of the Strategic Management," *Journal of Management Studies*, Vol. 41, pp. 183-192.

Lockett, A. and Thompson, S. (2004), "Edith Penrose's Contributions to the Resource-Based View: An Alternative Perspective," *Journal of Management Studies*, Vol. 41, pp. 193-204.

Penrose, E. (1985), "The theory of the growth of the firm twenty-five years later," Acta Universitatis Upsaliensis, Uppsala, Sweden. (上野喬訳「25年後の "会社成長の理論"」『東洋大学経営学部経営論集』第39号，143-159頁。)

Penrose, E. (1959, 1995), *The Theory of the Growth of the Firm* (Third Edition), Oxford University Press. (日高千景訳『企業成長の理論【第三版】』ダイヤモンド社，2010年。)

Pitelis, C. (ed.) (2002), *The Growth of the Firm: The Legacy of Edith Penrose*, Oxford University Press.

Pitelis, C. (2009), "Introduction," in Penrose, E., *The Theory of the Growth of the Firm* (Fourth Edition), Oxford University Press.

Rugman, A. M. and Verbeke, A. (2002), "Edith Penrose's Contribution to the Resourced-Based View of Strategic Management," *Strategic Management Journal*, Vol. 23, pp. 769-780.

Teece, D. J. (1982), "Toward an Economic Theory of the Multiproduct Firm," *Journal of Economic Behavior and Organization*, Vol. 3, No. 1, pp. 39-63.

Teece, D. J. (2009), *Dynamic Capabilities and Strategic Management*, Oxford Univ Pr on Demand (谷口和弘・蜂巣旭・川西章弘・ステラ・S・チェン訳『ダイナミック・ケイパビリティ戦略』ダイヤモンド社，2013年。)

Wernerfelt, B. (1984), "A Resourced-Based View of the Firm," *Strategic Management Journal*, Vol. 5, No. 2, pp. 171-180.

石川伊吹 (2012)，「RBV研究の経済学的源流と内包する理論的課題」『政策科学』第20巻第1号，9-16頁。

軽部大 (2003)，「見過ごされた分析視角——E. T. Penrose から「資源・能力アプローチ」へ——」『一橋論叢』第129巻第5号，555-574頁。

綱岡久永 (2013)，「企業＝資源観の発展過程——知識の社会的構築プロセスとしての考察——」『上智経済論集』第58巻第1・2号，187-208頁。

10　ワーク・モチベーション研究の再検討

貴　島　耕　平

Ⅰ．はじめに

　ワーク・モチベーション研究は，経営学における中心的分野の一つであり，実務家と研究者の双方から注目を集めてきたと言える。その特徴は，心理学の理論や研究方法論を積極的に摂取しながら，従業員のワーク・モチベーションの高低の判断や従業員のワーク・モチベーションの向上のための方法の開発を行う等，理論と実践が密接に結びついた研究が行われてきた点である。しかし，その研究の発展は，組織の成果のために従業員を一方的に誘導するという人間操縦の問題を引き起こしている（山下 2019）。具体的には，ワーク・モチベーション研究が，従業員から組織の成果に貢献する行動を引き出すことに注力するあまり，従業員を全体としての個人として扱う視座を失い，組織が従業員を一方的に操作することで生まれる様々な副作用（e.g. バーン・アウトや心理的健康の阻害）の発生を助長しているのである。

　無論，ワーク・モチベーション研究を含む経営学や管理の実践には，少なからず人間操縦に関わる問題を孕む。従業員のワーク・モチベーションを管理し，組織の成果に貢献する行動を引き出すことは，組織の存続を考える上でも重要な課題であると言える。そのため，組織の成果に貢献するように，従業員の行動を誘導することにワーク・モチベーション研究が取り組むことは必然とすら言える。しかし，ワーク・モチベーション研究が，従業員を軽視し，組織にとってのみ都合の良い理論や管理手法の産出に寄与しているのであれば，その研究は批判されなければならない。さらに言えば，組織の成果に貢献するように誘導された結果，従業員が不利益を被るのであれば，その研究の方向性は，是正されなければならないだろう。組織だけではなく，

従業員にとっても有益な限りにおいて，管理は組織において正当化されるはずである。そのため，ワーク・モチベーション研究においても，組織と従業員の双方にとって有益な理論の産出と実践に取り組む必要があるのである。

　本研究は，上述の問題意識の下で，以下の構成をとる。まず，Ⅱ節では，ワーク・モチベーション研究の発展を検討し，人間操縦論に繋がる既存研究の問題点を指摘する。次に，Ⅲ節では，経営学における古典的なワーク・モチベーション研究を再訪しながら，それらの研究が保持していた，全体としての個人や心理的健康の視座に注目し，今後のワーク・モチベーション研究に対する含意を検討する。

Ⅱ．ワーク・モチベーション研究の発展とその問題

1．ワーク・モチベーションの定義とその測定方法の発展

　ワーク・モチベーションとは，「目標に向けて行動を方向づけ，活性化し，そして維持する心理的プロセス」として定義される（Mitchell 1997, p. 60）。この定義のもと，ワーク・モチベーションは，何らかの目標（仕事）に関連した行動を引き起こす活力（energetic forces）として捉えられている。

　上述のように定義されるワーク・モチベーションを研究するために，研究者は，その高低を測定することを，当初の研究課題としていた（Porter and Miles 1974）。従業員のワーク・モチベーションの高低を測ることで，動機それ自体の探索や高く動機づけられた従業員を選抜することに取り組んでいたのである。この研究課題に取り組むために，ワーク・モチベーション研究は，様々な心理学的手法を摂取し，ワーク・モチベーションを測定することに取り組んできた。例えば，McClelland（1961）は，曖昧な図版を被験者に提示し，被験者の解釈を分析することで，達成動機の測定を試みた。また，Herzberg（1966）は，会計士（係）や技師に対して，仕事を遂行する最中で，最も良い感情と悪い感情を経験した場面を記述させ，その内容を分析し，ワーク・モチベーションの二要因（動機づけ・衛生）理論を提唱した。さらに，Vroom（1964）に端を発する期待理論の研究では，質問紙を

用いた調査が行われ，従業員の仕事に対する努力は，特定の結果をもたらす
という主観確率とその結果によって得られる報酬の魅力が高いと認知される
ほど，大きくなると指摘されている。Deci（1971）は，パズル課題を通じた
実験から，内発的動機づけの重要性を示し，その後，その主張を補完する
形で，質問紙調査を通じて，自己決定理論を提示している（Deci and Ryan
2002）。

2．認知への着目と経営管理への応用

　上述のような測定方法の発展に伴い，従業員のワーク・モチベーションに
影響を与える変数を特定し，その変数を操作することを通じて，従業員を組
織の成果に貢献させるという，従業員の態度や行動の変容を含む研究が盛ん
に行われるようになった（Pinder 2008, pp. 448-450）。この研究の方向性の
転換に重要な役割を果たしたのは，Bandura（1986）が生み出した社会的認
知理論である。その要諦は，人間の認知が，現実の解釈や自己調整，行動の
遂行において大きな役割を果たすというものである。つまり，環境的先行要
因は，個人の認知（目標に対する見通しや自己効力感等）によって仲介され
る。Bandura（1986）は，そうした認知変数を特定し，それらに影響を与え
る要因を操作すれば，人の行動を変容させることが可能になると主張した。
例えば，目標に対する見通しは，目標の難易度を説明することや数値化する
ことで変化させることが可能である。また，自己効力感も，与える課題の難
易度を操作し，成功体験を与えることで，操作することが可能になる。こう
した理論的発展は，ワーク・モチベーション研究が，組織において従業員の
ワーク・モチベーションを管理する方法を提供することに傾注していくこと
に繋がっていく。

　例えば，Locke and Latham（1990）が提示した目標設定理論では，目標
に対する従業員の認知を取り上げ，目標を通じたワーク・モチベーション
の管理が議論されている。彼らは，ワーク・モチベーションの測定ではな
く，目標の特徴に応じて個人の成果が変動することに注目し，目標を適切に
設定することで，個人のモチベーションを管理することが可能であると主張
した。彼らは，曖昧な目標よりも，適度に困難で，具体的であり，達成の過

程でフィードバックがある目標の方が，従業員の高い成果を導くと述べている。この理論の特徴は，社会的認知理論で言うところの目標に対する従業員の見通しを，目標の特徴を操作することで，高めている点である。例えば，目標の具体性やフィードバックは，自身の進捗状況を従業員に理解させ，目標との距離感を明確にする機能がある。また，適度に困難な目標は，現状との乖離を生みやすくするため，従業員のモチベーションを引き出す機能がある。さらに言えば，自己決定された目標は従業員の目標達成に向けたコミットメントを引き出すことに繋がる。こうした理論的基盤のもと，目標設定理論は，目標を通じた従業員の管理として，実践の場においても浸透している (Miner 2007)。

　また，ワーク・モチベーションの自己調整理論では，従業員の認知が彼ら／彼女らの行動に寄与するという前提のもと，自己管理の訓練や自己監視スキルを従業員に提供することで，従業員自らが，ワーク・モチベーションを維持できるようにする手法が提示されている (Karoly 1993)。例えば，Frayne and Latham (1987) は，出勤率の低下が問題となっていた州政府の保守作業員に対して，その問題を解決するために，目標設定，自己監視，自己報酬に基づいた自己管理技術についての研修プログラムを実施した。認知変容を目的としたこのプログラムを受けていた従業員の出勤率は，プログラムを受けていないグループよりも向上していた。つまり，この理論の目的は，日々の業務の中にモチベーションの維持やその向上手法を従業員に学習させることで，従業員に自らのワーク・モチベーションを，組織に貢献する形で，維持・調整させていくという点にある。

　ここまで見てきたように，ワーク・モチベーション研究は，理論と測定方法の発展に伴い，ワーク・モチベーションに関連する認知変数の探索やその管理へと，研究の対象を移行させてきたと言えよう。しかし，こうした研究の展開は，ワーク・モチベーション研究が，組織にのみ都合の良い形で，従業員を操作することに寄与する危険性を持つ。以下では，既存のワーク・モチベーション研究が孕む人間操縦論としての問題点を検討していく。

3. ワーク・モチベーション研究における人間操縦の問題

　ワーク・モチベーション研究が，組織の成果に貢献する行動を従業員から引き出すことに傾注することは，能率のみを追求することで批判された産業心理学へと回帰することに他ならない。Münsterberg（1913）によって提唱された産業心理学は，職務と従業員の適合や，教育・訓練といった経営の分野に心理学の流入を促進した。これは，一方で心理学と経営学の合流を促し，後の産業組織心理学／組織行動論の呼び水となるが，他方で，心理学を用いて，組織の効率性を志向することだけに終始し，組織にのみ都合の良い能率心理学でしかないと批判された（淡路ほか 1929）。つまり，組織で働く従業員は，組織の目的（効率や生産性の向上）のために一方的に操縦される対象として扱われ，その心理状態や置かれた状況には，注意が払われなかったのである。これまで見てきたワーク・モチベーション研究も，産業心理学と同様に，人間操縦論的な特徴を持っていると言える。組織の成果に資する形で，ワーク・モチベーションを管理することを目的とする研究は，組織にとってのみ有用であれば良い。そして，従業員のワーク・モチベーションに影響を与える変数を管理することを通じて，組織が，従業員の行動を一方的に操作することが可能になってしまうのである。また，組織へ貢献する行動にのみ注目するため，そうした行動に関連しない要素（組織における従業員の他の行動や状況）には注意が向けられなくなるのである。

　さらに言えば，こうした人間操縦的特徴は，組織の成果に貢献することを目的としているワーク・モチベーション研究が，かえって組織の成果を阻害する様々な副作用を生み出すことを意味している。例えば，目標設定理論に対しては，目標を通じた管理を行っていく中で，従業員が，自らの目標の達成だけに集中してしまい，協働することを避け，不正行為や他者を貶める行動をする等の危険があることが指摘されている（Ordonez, Schweirzer, Galinsky and Bazerman 2009）。また，自己調整理論においても，職務を遂行していく過程においてなされる自己調整が，従業員の心理的資源の枯渇を生み出し，従業員のバーン・アウトを引き起こすことが知られている（Kahn and Byosiere 1992）。いずれも，組織の成果のために個人からワーク・モチベーションを引き出す過程で生じる問題である。しかし，今日のワーク・モ

チベーション研究は，組織の成果に貢献することにのみ注力し，自身が生み出すこうした副作用に対して，解決策を生み出す視座を持ち得ないのである。

　そのため，今日のワーク・モチベーション研究は，人間操縦的な志向を乗り越えるための視座を必要としていると言える。振り返ってみれば，Barnard（1938）は，人間を，組織の道徳準則に従いながら組織の人間として振る舞う組織人格と，物的，生物的，社会的要素を伴う様々な個人的道徳準則を持つ個人人格から成る，全体としての個人であると述べた。また，組織における管理は，組織人格としての振る舞いを個人に要求するが，個人がその要求を受け入れるかどうかは，その個人の判断に委ねられている（Barnard 1938，翻訳書，173-174頁）。そのため，組織目標の再定式化等を通じて，個人を組織の道徳準則に従わせると同時に，個人の道徳準則を尊重した統合的な管理を考案することが，組織にとって必要になる。

　しかし，上述のように発展してきたワーク・モチベーション研究では，組織の道徳準則に従業員を一方的に従わせる方法にばかり焦点があたってしまい，個人人格の側面は捨象されてしまっている。さらに言えば，そうした捨象は，かえって，組織人格としての振る舞いに影響を与える従業員の問題（自己利益の追求やバーン・アウト）さえも，引き起こしてしまっている。つまり，現在のワーク・モチベーション研究は，組織にとっても従業員にとっても有益な理論を生み出せていないと言えよう。

　次節では，組織と個人の双方に有益なワーク・モチベーション研究を考えるために，ワーク・モチベーションの古典的研究を再訪する。具体的には，メイヨー（E. Mayo）の心理学観を検討することを通じて，全体としての個人という視座に立った研究や管理について検討していく。次に，マズロー（A. Maslow）の心理的健康への注目を検討しながら，ワーク・モチベーション研究が経営の実践にもたらすべき含意について検討していく。

Ⅲ．ワーク・モチベーションの古典的研究再訪

1．全体としての個人という視座

　人間関係論を生み出し，組織行動論におけるワーク・モチベーション研究の始祖となったメイヨーは，その理論的出発点に，全体としての個人を位置づけた。メイヨーは，自らが考案した新しい心理学の使命を臨床的研究に基づいた労働者の治療として考えていた。その新しい心理学とは全体情況の心理学であり，労働者の生産性を，労働者の全体的な精神情況の産物として捉えるものであった（吉原 2013，23 頁）。個人の歴史と生活への全体的な態度という精神情況の産物として，様々な情況における個人の行動を捉えることこそが，メイヨーが志向していた新しい心理学の骨子であった。

　メイヨーはこのような立場から，社会人仮説と呼ばれる人間観を主張することになるが，それは，人が社会的な欲求を持つ存在であること以上のことを示している。組織で働く個人は，組織人格として振る舞う以前には，家庭や地域に所属している個人であり，より大きな視点で見れば社会に所属している個人である。そうした様々な要素から影響を受け続けている個人が，組織に参加することで，組織の職務に従事する。そのため，組織における個人の振る舞いは，組織内だけではなく，組織外の要素からも影響を受けるのである。メイヨーは，科学と産業の急速な発展に伴って，家や地域との繋がりといった社会的関係が希薄となった個人が，組織内においても孤独化していることを問題視していた（Mayo 1933）。つまり，組織外において社会的関係を失っていた個人が，企業組織内においても繋がりを絶たれ，阻害されていると考えたのである。そして，個人が失った社会的関係を，組織の場で再獲得するための方法として，後に人間関係論として定式化されていく管理論を主張したのである（佐藤 1991）。

　このように考えると，ワーク・モチベーション研究の対象は，個人の内観を捉える以上のものとなる。メイヨーは，集団や個人の生産性に寄与する生理的な要因や心理的な要因を探求しつつも，そこには還元されない社会的な要因を，ホーソン工場における一連の実験を通して見出していた。つまり，

ワーク・モチベーションの研究においても，個人のワーク・モチベーションを認知等の部分的な要素に還元するのではなく，個人が置かれた全体的な状況の産物として捉え，その改善のための手法や管理を考案することが，研究者や管理者に求められているのである。

　しかし，上述したような心理学観を基盤にした人間関係論においても，人間操縦論としての問題が残っていることは指摘しておかなければならない。というのも，従業員の人間性の確保を目指していたメイヨーだが，その管理論は，組織の成果（生産性）の観点から全体としての個人を扱うという論理になっているため，経営者が組織の成果のために従業員を一方的に操作することを認めてしまう。そのため，組織の成果の達成のために，従業員を全人格的に操縦することを志向した管理論として読み替えることが可能なのである。つまり，ワーク・モチベーション研究に，全体としての個人という視座を導入しても，組織の成果にのみ貢献する形で，人間を一方的に操縦するという問題は残されてしまうのである。

　そのため，次項では，この残された問題を乗り越えるために，マズローの心理的健康の議論を手がかりとして，ワーク・モチベーション研究の目的について検討していく。

2．心理的健康を達成するための管理と研究

　マズローは，全体としての個人を前提とした上での経営管理こそが，仕事を通じた健全な人間の成長を導くと主張した（Maslow 1998）。組織や集団の生産性を，経営管理の成果として取り上げていたメイヨーとは異なり，マズローは，個人の自己実現を経営管理の成果として取り上げている。つまり，個人の自己実現こそ，管理者（経営者）や研究者が，取り組むべき問題となるのである。マズローの欲求階層説は，そうした自己実現の至るプロセスを示したものであり，心理的健康の実現を企図したものと言える（山下2019）。

　多くの研究者に影響を与えたマズローの主張ではあるが，その理論的前提は，メイヨーと同様に，全体としての個人を捉えようとした視点であると言える。マズローは，個人の動機を理解するためには，組織内での個人が示す

態度のみではなく，他の状況において，個人が無意識的に行っている行動や
その背後にある目的を理解しなければならないと指摘する（Maslow 1970,
翻訳書，34-35頁）。

　また，そうした理論的前提のもとで，彼が提唱した欲求階層説は，個人
が，欲求充足を通して心理的健康を達成するためのプロセスである。マズ
ローにとって，動機づけとは，欲求を充足していく過程である。そして，そ
の充足を通じて，自己実現に至る過程が，欲求階層説で示されている。山下
（2019）は，マズローの自己実現概念が，低次の欲求の充足に支えられてい
ることを指摘している（236頁）。低次の欲求が満たされていない状態とは，
心理的健康が脅かされている状態を意味する（Maslow, 1970, 翻訳書，139-
140頁）。この状態では，個人の自己実現は達成されない。つまり，マズロー
は，生理的欲求や安全欲求が充足されて初めて，自己実現が可能になると考
えていたのである。

　そのため，マズローが提示する管理論は，組織における個人の心理的健康
を達成するための手法として理解されなければならない。様々な欲求を持ち
うる個人を統合的に理解した上で，その個人を心理的健康に導くための手法
が欲求階層説であり，心理的健康を実現した個人を捉える概念が，他者の受
容や身体的な健康をも含めた，自己実現概念になるのである（山下 2019）。
そして，組織は，個人の自己実現を達成する場所であり，研究者にとって
は，人間を心理的健康に導くための理論や手法を生み出す場所になるのであ
る。

　このことを踏まえれば，マズローの一連の主張は，近年のワーク・モチ
ベーション研究の範疇に留まらない。組織における成果を主眼とするのでは
なく，組織における個人の健全な成長や発達を目的とするマズローの議論
は，管理の成果として，個人の心理的健康を位置づけている。つまり，組織
にとってのみ都合の良い管理ではなく，個人が心理的健康を達成するという
ことが，管理の目的に含みこまれているのである。

　同様に，マズローの視座に立ったワーク・モチベーション研究は，組織の
成果ではなく，組織における個人の健全な成長を目的とした研究を行う必要
がある。そこでは，全体としての個人という視点から，個人が組織において

抱える様々な問題を解決することで，個人の健全な成長を促すような研究が求められるのである。組織に都合の良い形で個人を操縦するのではなく，個人の心理的健康の達成のための健全な管理の技法を生み出すことが，ワーク・モチベーションの研究にも必要であると言えるだろう。

3．ワーク・モチベーション研究の今後の方向性

全体としての個人を扱う視座に立ちながら，人間操縦論の問題を乗り越えるために，今後のワーク・モチベーション研究は，以下の二点に取り組む必要がある。第一に，ワーク・モチベーションを，組織と個人の相互作用によって生まれるダイナミックな概念として捉え直すことが必要である。すでに見てきたように，ワーク・モチベーションは，職務に関連する個人の認知にのみ還元されるものではなく，個人が置かれた社会的状況を含む様々な要因が関連している。このことを踏まえれば，概念としてのワーク・モチベーションは，個人内で完結する心理的なプロセスではなく，組織と個人の相互作用によって生み出されるダイナミックなものとして再定義されるべきであろう。個人は組織に様々な価値や欲求を持ち込む。それらが組織の様々な要素と相互作用することで，個人のワーク・モチベーションは生み出される。つまり，組織に必要とされる個人の機能的側面だけを見るだけでは，個人のワーク・モチベーションを理解することはできない。その点において，要素還元主義な研究方法論を忌避し，全体としての個人という視座から個人のワーク・モチベーションを捉えようとしたメイヨーやマズローの研究方法論は深耕に値するだろう。

第二に，ワーク・モチベーション研究の目的に，個人の心理的健康を実現するという視点を取り入れる必要がある。既に指摘した通り，組織の成果から逆算した形で，従業員の行動を誘導する今日のワーク・モチベーション研究は，人間操縦の問題を内包していると言える。ワーク・モチベーション研究が，この問題を乗り越えるためには，組織の成果の向上ではなく，個人の組織における健全な発達を目的とした理論や管理の方法を生み出す研究に取り組む必要があるだろう。例えば，近年では，測定手法の発展によって，職務の積極的な関与が個人の心理的健康に与える影響に関する知見が蓄積され

てきている（大塚 2017）。そうした知見を援用しつつ，組織で働く個人の健全性や人間性を確保するための研究がなされなければならない。研究の発展に伴って洗練されてきた測定手法は，組織のためではなく，組織で働く個人のために使用されるべきである。また，従来の管理方法も，個人の心理的健康という視点から，批判的に検討されなければならないだろう。既存研究が生み出した管理方法が組織で働く個人に与える影響を分析することで，組織と個人の双方にとって有益な管理の在り方を，今一度，検討する必要がある。

Ⅳ. 結　語

　今日のワーク・モチベーション研究は，数多くの理論と管理手法を生み出してきたが，一方で，人間操縦論としての問題を抱えている。そのため，ワーク・モチベーションを，組織と全体としての個人の相互作用によって生み出されるダイナミックな概念として捉え，組織と個人の健全な発達を促進する理論と手法を開発することこそ，今後のワーク・モチベーション研究に求められていると言えよう。

参考文献

Bandura, A. (1986), *Social Foundations of Thought and Action: A Social Cognitive Theory*, Prentice-Hall.

Barnard, C. I. (1938), *The Function of the Executive*, Harvard University Press.（山本安次郎・田杉競・飯野春樹訳『新訳　経営者の役割』ダイヤモンド社，1968 年。）

Deci, E. L. (1971), "Effects of Externally Mediated Rewards on Intrinsic Motivation," *Journal of Personality and Social Psychology*, Vol. 18, pp. 105-115.

Deci, E. D. and Ryan, R. M. (2002), *Handbook of Self- determination Research*, University of Rochester Press.

Frayne, C. A. and Latham, G. P. (1987), "Application of Social Learning Theory to Employee Self-management of Attendance," *Journal of Applied Psychology*, Vol. 72, No. 3, pp. 387-392.

Herzberg, F. I. (1966), *Work and the Nature of Man*, Oxford Press.

Kahn, R. L. and Byosiere, P. (1992), "Stress in Organizations," in Dunnette, M. D. and Hough, L. M. (eds), *Handbook of Industrial and Organizational Psychology*, Consulting Psychologists Press, pp. 571-650.

Karoly, P. (1993), "Mechanisms of Self-regulation: A Systems View," *Annual Review of Psychology*, Vol. 44, No. 1, pp. 23-52.

Locke, E. A. and Latham, G. P. (1990), *A Theory of Goal Setting and Task Performance*,

Prentice-Hall.

Maslow, A. (1970), *Motivation and Personality*, 2nd edition, Harper & Row, Publishers, Inc.（小口忠彦訳『改訂新版　人間性の心理学』産業能率大学出版部，1987 年。）

Maslow, A. (1998), *Maslow on Management*, John Wiley & Sons, Inc.（大川修二訳／金井壽宏監訳『完全なる経営』日本経済新聞社，2001 年。）

Mayo, E. G. (1933), *The Human Problems of an Industrial Civilization*, Macmillan Company.（村本栄一訳『産業文明における人間問題』日本能率協会，1951 年。）

McClelland, D. C. (1961), *The Achieving Society*, Princeton.

Miner, J. B. (2007), *Organizational Behavior 4: From Theory to Practice*, M. E. Sharp, Inc.

Mitchell, T. R. (1997), "Matching Motivational Strategies with Organizational Contexts," *Research in Organizational Behavior*, Vol. 19, pp. 57-149.

Münsterberg, H. (1913), *Psychology and Industrial Efficiency*, Mifflin and Company.

Ordonez, L., Schweirzer, M. E., Galinsky, A. D. and Bazerman, M. H. (2009), "Goals Gone Wild: The Systematic Side Effects of Overprescribing Goal Setting," *Academy of Management Perspective*, Vol. 23, No. 1, pp. 6-16.

Pinder, C. C. (2008), *Work Motivation in Organizational Behavior*, Psychology Press.

Poter, L. W. and Miles, R. E. (1974), "Motivation and Management," in McGuire, J. W. (ed.), *Contemporary Management: Issues and Viewpoint*, Prentice-Hill, pp. 545-570.

Vroom, V. H. (1964), *Work and Motivation*, Wiley & Sons.

淡路圓治郎・増田幸一・暉峻義・桐原葆見・波多野一郎 (1929), 「心理學と産業の合理化」『心理学研究』第 4 巻第 6 号，793-870 頁。

大塚泰正 (2017), 「働く人にとってのモチベーションの意義——ワークエンゲイジメントとワーカホリズムを中心に——」『日本労働研究雑誌』第 684 号，59 68 頁。

佐藤慶幸 (1991), 『新版　官僚制の社会学』ダイヤモンド社。

山下剛 (2019), 『マズローと経営学——機能性と人間性の統合を求めて——』文眞堂。

吉原正彦 (2013), 「第 1 章　人間関係論」経営学史学会監修／吉原正彦編著『メイヨー＝レスリスバーガー——人間関係論——（経営学史叢書Ⅲ）』文眞堂，1-44 頁。

11 組織間関係論の淵源

西 村 友 幸

I. はじめに

「およそ歴史というものは，事のおこる以前から筆をおこすべきものである」とは，経営史家 Chandler（1977，翻訳書，25頁）の言である。このことは歴史学の一分野としての経営史だけでなく，科学史の一分野としての経営学史にも当てはまるに違いない。経営学史研究の泰斗が著した教科書（Wren 1994）を引き合いに出しながら角野（2010）が強調するとおり，「前史」もまた重要な研究対象なのである。

本稿が明らかにしようとする前史は，組織間関係論のそれである。今日，複数組織の関係の生成と発展，マネジメント，成果などを主要なテーマとする組織間関係論は，マクロ組織論の重要な分野として市民権を獲得している（佐々木 2005）。

山倉（1993）は，組織間関係論の歴史が，組織間関係という複雑かつ多面的な現実に対する「パースペクティブ」の変遷史であり，組織間関係論のフレームワークを構築する歴史でもあったと述べている。学史研究者にとって魅力的な叙述であるが，本稿はこれを検証することよりも，組織間関係論の淵源（origin）をたどる前史研究のほうを優先することにしたい。組織論の「フロンティア」（山倉 1993）としての組織間関係論がいかに生成したのかについては十分に語られておらず，語られているとしても誤謬を含んでいるからである。以下で展開される議論を要約するならば，組織間関係論の淵源はアソシエーション研究である，ということになる。

Ⅱ. 1960 年代：組織間関係論の開花

　山倉（1993）によれば，1970 年代の特に後半において，組織間関係論は
(1) シンポジウムの開催や論文集の刊行などの「公認化」の動き，(2) 支配的
パースペクティブである資源依存理論の成立，(3) 焦点組織と他組織との関
係から全体社会への射程の拡大，といった変化を遂げることによってその地
位を確かなものとした。

　一方，それに先立つ 1960 年代の 10 年間には，組織論の教科書が組織間
関係を取り扱うことは稀であり（Blau and Scott 1962；Etzioni 1964），また
Cropper et al. (2008) が指摘しているとおり，この期間を代表する組織論
のハンドブック（March ed. 1965）には組織間関係論が別個に章立てられて
いない。当時の社会科学のスターたちを結集して編纂された事典（Sills ed.
1968）にも，"interorganizational relations" やその類語は未掲載である。

　とはいえ，1960 年代は組織間関係論が一斉に開花した大増殖の時期と見
て差し支えない。表 1 に示すとおり，1950 年代には 47 件にすぎなかった組
織間関係についての文献が，60 年代には 1 桁増えて 430 件を数えるまでに
なっている。組織間関係論はこの期間に指数関数的に成長したのである。

表 1　組織間関係の文献（概数）の年代別推移

1920s	30s	40s	50s	60s	70s	80s	90s	2000s
5	6	17	47	430	3,020	5,800	13,600	38,500

　（出所）　Google Scholar による "interorganizational" という単語の検索結果
　　をもとに筆者作成（調査日：2019 年 11 月 1 日）。

Google Scholar の検索結果によれば，一口に 1960 年代といっても，後半
（65〜69 年）は前半（60〜64 年）と比較して約 4 倍の量の組織間関係の文献
が刊行されている。佐々木（1990）は，60 年代の前半を組織間関係論の「誕
生期」，後半を「成長期」と呼んで区別している。本稿でも必要に応じてこ
うした小区分を用いるが，基本的には 60 年代の 10 年間を組織間関係論の
「幼年期」として一括し，その前史を探究することにしたい。

Ⅲ．従来の見解

　文献のサーベイから，1960年代に開花した組織間関係論の淵源に関して，これまでに少なくとも3つの見解が提示されてきたことがわかった。本稿ではそれらを，1. 一般システム理論（GST）基礎説，2. 既存組織論拡張説，3. サイロ説と呼ぶ。各見解の概要と批評は次のとおりである。

1．一般システム理論（GST）基礎説

　上掲の表1が示すような事実は，Cropper et al.（2008）による別のデータベースを用いた調査でも裏づけられている。彼らは，1960年ごろになって組織間関係の研究が突如興隆した原因を，50年代初頭の von Bertalanffy による一般システム理論（GST）の開発に求めている。

　GST 基礎説は正しいとはいえない。表1のとおり，1960年代の組織間関係の文献は430件あるが，そのうち von Bertalanffy を引用しているのは Terreberry（1968）のみである。Terreberry の論文は非常によく知られており，Google Scholar の検索結果でも引用元が1000件を超えている（2019年11月1日現在）。だが，"interorganizational" という単語との関連性の順位は430件中70番台と決して高くない。関連性が上位でなおかつ引用元が多い文献こそが代表的作品といえる。60年代には，GST の組織間関係論への浸透はきわめて限定的であったと回顧しうる。

2．既存組織論拡張説

　Araujo and Easton（1996, p. 76）は，「組織間関係論の淵源は，初期の組織論の洞察を組織間関係へと拡張しようとする試みにさかのぼることができる」と述べ，典型的な例として Aiken and Hage（1968）と Guetzkow（1966）を挙げる。

　こうした既存組織論拡張説では，「淵源」（origin）という言葉は「前史」というよりも「始点」の意味で用いられており，またその「始点」は60年代後半に置かれている。しかし，この時期は先述のとおり組織間関係論の

「成長期」であり，したがって60年代前半の「誕生期」が考察から抜け落ち
てしまっていることになる。

　Aiken and Hage (1968) も Terreberry (1968) と同様，引用元は多い
（2019年11月1日現在1600件超）反面，"interorganizational" という単語
との関連性の順位は430件中90番台と低い。他組織との合同プログラムの
数と組織構造の間の関係を実証的に調査した当該作品の主要な関心の的は，
組織間関係としての合同プログラムではなくて組織内関係としての組織構造
のほうにあったと考えられる。よってこの論文は，既存組織論拡張説の見方
とは逆に，「1960年代に誕生した組織間関係論の洞察を組織論へと適用しよ
うとする試み」と解釈するほうが実態に即している。

3．サイロ説

　Google Scholar による検索における引用元と関連性の両面に鑑みて，本稿
は以下①〜④の4篇を1960年代の組織間関係論の代表的作品に選定した。
①と②は60年代前半（誕生期）に刊行された文献であり，③と④は60年代
後半（成長期）に刊行された文献である。

　①　Levine and White (1961)　　保健福祉機関の間の相互作用の研究
　②　Litwak and Hylton (1962)　　組織間の調整機関の研究
　③　Evan (1966)　　　　　　　　組織セット・モデルの提案
　④　Warren (1967)　　　　　　　組織間フィールドの構造特性の研究

くしくも，これら4篇はラベル張り風潮（labeling tide）であるとして
Mohr (1982) によって批判された60年代の組織間関係論の4作品と同一で
ある。彼は，「〔組織間分析という〕共通のラベルにもかかわらず，同じこと
を研究した著者はほとんどいなかった。かくして，組織間分析は，組織論の
副領域でリーダーになるという，かつて寄せられた偉大で明白な期待に応え
ることができなかった」と評している[1]（Mohr 1982, p. 12）。

　組織間関係論という領域は過度に断片化され，「ジャングル」あるいは
「サイロ」の様相を呈しているとされる（Cropper et al. 2008）。断片化を意
味する比喩的概念としては，サイロよりもタコツボのほうが日本人にはなじ
み深い（Tett 2015）。丸山（1961）は，学問や社会集団がタコツボ化する原

因は，共通の根元の欠如にあると説く。先に組織間関係論の GST 基礎説は
否定された。GST に代わる共通の根元は見つかるだろうか。①～④のそれ
ぞれに用いられた参考文献を照合してみたところ，4 篇すべてに引用された
文献は皆無であり，3 篇に引用されたものもなかった。かろうじて，4 篇中
2 篇に引用された文献ならば複数見つかった。

　代表的作品 4 篇のうち，最大でも 2 篇しか同一の文献を引用していない事
実は，60 年代の組織間関係論には共通の淵源などないに等しいことを示唆
しているように思われる。われわれはサイロ説を甘受せざるをえないのであ
ろうか。そうではないことを気づかせてくれたのが②の作品である。

Ⅳ．組織間関係論の方法

　Cropper et al.（2008）は，主たる分析レベルの違いを除けば，組織論と
組織間関係論の間に明確な境界はないと結論している。分析レベルを個別の
組織から組織間関係へと移したからといって，必ずしも既存の理論が通用し
なくなるわけではない（Molina 1999）。上述の既存組織論拡張説（Araujo
and Easton 1996）の背後にはこうした思想が横たわっていると考えられる。

　既存の組織論を活用することで組織間関係の分析が事足りるのであれば，
あえて組織間関係論を構築する意義は失われてしまう（赤岡 1981）。代表的
作品 4 篇のうち，組織間関係論の独自性の確保という課題にとりわけ敏感で
あったのが②の Litwak and Hylton（1962）である。

　彼らによれば，組織間分析と組織内分析は(a)コンフリクトや(b)権限につ
いての観念および仮定にもとづき区別しうる。組織間分析は組織相互のコン
フリクトが与件であるという想定の下での，また構造化されていない権限と
いう条件の下での社会的相互作用を検討しようとするものである。

　留意しなければならない点が 2 つある。1 つは，Litwak and Hylton
（1962）にとって，組織内分析とは官僚制の研究に他ならないことである（p.
396)。

　はたして，官僚制の研究だけが組織内分析なのだろうか。この疑問を解消
するための手がかりは，②で開発されたアイデアのいくつかを精緻化した論

文②'（Litwak and Rothman 1970）の中に見出される。そしてそれこそがもう1つの留意点を構成している。②'によると，さまざまな組織は，明確に組織内的という左の極とその正反対の組織間的という右の極とを結ぶ連続体に沿って分類可能である。ここで「組織間的」とは，半自律的な諸組織の同盟（confederation）を指す。たとえば，靴製造業者は左の極に近似し，靴製造業者の業界団体は右の極に近似する。

このように，連続体の右側に位置づけられる組織はあくまでも諸組織の同盟である。ところが②'（Litwak and Rothman 1970, p. 146）は，医師を小規模事業体として見るならば，米国医師会はリンケージ組織（②の用語では「調整機関」）であるというのである。調整機関の役割は，2つ以上の他の公式組織の行動を秩序づけることである（Litwak and Hylton 1962）。

米国医師会は個人メンバーから構成されており，本来ならば官僚制組織と同様に，連続体の左側に位置づけられるはずである。しかし，②'は個人メンバーを小規模事業体（組織）に見立てるというある種のトリックを駆使して，米国医師会を連続体の右側に位置づけたのである。

連続体の左側（組織内的）から右側（組織間的）へと鉢替えされた米国医師会は，American Medical Association という英語表記からうかがい知れるとおり，官僚制に対置されるところのアソシエーションである。

要約すれば次のようである。本来，組織内分析と官僚制研究はイコールではなく，組織内分析＝官僚制研究＋αのはずである。しかし，Litwak はαがむしろ組織間分析により近いと考えた。αとは何か。アソシエーション研究である。

Ⅴ．仮説とその検証

②および②'を執筆した Litwak は組織間関係論の方法を積極的に論じたので目立ったが，実はその他の代表的作品の作者もアソシエーション研究者なのではないか。このような直感にもとづき，「60年代の組織間関係論の代表的作品①〜④の作者は，おのおのの作品の刊行以前にアソシエーション研究の領域で業績を残している」という仮説を立てた。

仮説を検証するために2種類の資料Ⓐと Ⓑを併用した。資料Ⓐは Smith and Freedman（1972）である。同書は8章から構成され，各章の最終節にはアソシエーション研究の文献目録が掲載されている。全章の文献数を合計すると 600 を超える。資料Ⓑは Pugliese（1986）である。384 篇のアソシエーション関連文献が抄録とともに紹介されている。

　調査の結果を表2に示す。ⒶⒷどちらの資料にも収録されているのが，②の第一著者 Litwak の業績（Litwak 1961）と③の Evan の業績（Evan 1954, 1957；Evan and Schwartz 1964）である。ここでは後者の Evan について付記しておく。Evan（1954）は，彼がコーネル大学へ提出した博士論文である。組織間関係論の代表的作品の1つである③が刊行された 1966 年，彼は 20 年前に学士号を取得したペンシルベニア大学に戻り，教養科学大学院（School of Arts & Sciences）とウォートン・スクールの双方で教鞭をとった。教育に加えて，彼は大企業や政府機関のコンサルタントとしても奉仕した。[3]

　④の Warren の業績はⒶのみに収録されている（Warren 1958）。この論文はドイツのシュツットガルトにおける市民参加について調査したものである。

　①の共著者 Levine and White もⒶのみに収録されているが，表2に△を記したのは，アソシエーション研究の業績としてⒶに収録されている文献が

表2　アソシエーションの文献目録掲載の有無

	Ⓐ Smith and Freedman (1972)	Ⓑ Pugliese (1986)
①	△ (Levine and White 1961)	×
②	○ (Litwak 1961)	○ (Litwak 1961)
③	○ (Evan 1954) (Evan 1957)	○ (Evan 1957) (Evan and Schwartz 1964)
④	○ (Warren 1958)	×

（出所）　Smith and Freedman（1972）と Pugliese（1986）をもとに筆者作成。

まさにその①だったからである。たしかに，①は見方によってはれっきとしたアソシエーション研究である。この作品は，Ⓐにも®にも収録されている2篇のアソシエーション研究を引用している。1つは Etzioni (1960) である[4]。もう1つは Sills (1957) である[5]。作品①が組織間関係論としてだけでなくアソシエーション研究としても認知されているということは，とりもなおさず，これら2つの領域間に親和性や重複性があることの証しではないだろうか。

Ⅵ. なぜフロンティアを目指したのか

　組織（＝公式組織）には大きく分けて2つのタイプがある。1つは官僚制であり，組織目標に専念させるために人々を雇う。もう1つはアソシエーションであり，共通の利害を求めるために一緒に集まった人々によって形成される（Broom et al. 1981）。

　沢田（1997, 8頁）は言う。「アソシエーションの概念は官僚制の概念にまさるともおとらない社会学の古典的概念である。にもかかわらず，官僚制組織の研究の多産性にくらべると，アソシエーションの組織論的研究はさほどめだった成果をあげずに今日にいたっている」。

　マックス・ウェーバーに端を発する官僚制研究は，逆機能分析の時代を経て，構造特性の多変量的分析および環境適応的な組織構造研究の時代へと移った。1950年代末から60年代初頭にかけてのことである。これらの新潮流は分析の精緻化，さらには独自のパラダイムとしてのコンティンジェンシー理論の形成を促し，組織論に大きな進歩をもたらすこととなった（野中1974；野中ほか 1978；福永 2007）。画期的な官僚制理論が台頭しはじめたちょうどそのとき，Gordon and Babchuk (1959, p. 23) は，「現代社会学が公式組織についての理論と経験的データの統合体を提出する一方で，ヴォランタリー・アソシエーションの研究にはこれに匹敵するような知識が欠如している」と嘆いている。

　アソシエーション研究は日進月歩の官僚制研究に大きく水を開けられつつあった。そんな矢先，組織間関係論という組織論の「フロンティア」（山倉

1993) の存在が知られるようになった。フロンティアを目指すのは現状に満ち足りた人々ではなく不遇をかこつ人々である。アソシエーション研究者は組織間関係論に惹かれはじめた。幸運なことに，彼らはフロンティアでも土地勘が働いた。すでに述べたように，組織間関係論はコンフリクトが与件という想定の下での，また構造化されていない権限という条件の下での社会的相互作用を分析する (Litwak and Hylton 1962)。コンフリクトが常態化し，明確に定義された権限構造を欠くのはこれまで見慣れてきたアソシエーションとて同じではないか。アソシエーション研究と組織間分析は相似である。こうした発見ないし学習は，アソシエーション研究者をして，ますます組織間関係論というフロンティアへの挑戦を決断せしめたと考えられる。

Ⅶ. 結　語

　本稿は，組織間関係論の淵源はアソシエーション研究である，ということを議論してきた。1960 年代初頭の組織間関係論の業績が，主として社会学者によって築かれたことはつとに指摘されている (山倉 1993)。本稿はもう一歩踏み込んで，官僚制研究の後塵を拝していたアソシエーション研究の中から，組織間関係論というフロンティアの開拓者が出現したことを論じた。

注
1) 　より正確には，Mohr (1982) は 60 年代の 4 作品に加えて，70 年代前半に刊行された組織間関係論の 3 作品も議論の俎上に載せたうえでそう判断している。
2) 　作品②' (Litwak and Rothman 1970) では，この半自律的という表現は，限定された領域で協働する（その領域以外では組織は自律的に行動できる）ことを指して使われている。
3) 　http://www.upenn.edu/emeritus/memoriam/Evan.html（調査日：2019 年 11 月 1 日）
4) 　Etzioni (1960) の作品もまた，アソシエーション研究としても組織間関係論としても通用するように見受けられる。
5) 　『アソシエーションの社会学』の中で佐藤 (1994, 158 頁) は，Sills (1957) の作品を「ヴォランタリー・アソシエーションについての組織論的な研究としていまもなお光彩を放って」おり，「セルズニック，ブラウ，グールドナー，クロジエなどによる官僚制組織の実証的研究に匹敵しうる書物である」と評している。

参考文献
Aiken, M. and Hage, J. (1968), "Organizational Interdependence and Intra-organizational Structure," *American Sociological Review*, Vol. 33 (6), pp. 912-930.
Araujo, L. and Easton, G. (1996), "Networks in Socioeconomic Systems: A Critical Review," in

Iacobucci, D. (ed.), *Networks in Marketing*, Sage Publications, pp. 63-107.

Blau, P. M. and Scott, W. R. (1962), *Formal Organizations: A Comparative Approach*, Chandler.

Broom, L., Selznick, P. and Broom, D. H. (1981), *Sociology: A Text with Adapted Readings* (7th ed.), Harper & Row. (今田高俊監訳『社会学』ハーベスト社, 1987年。)

Chandler, A. D., Jr. (1977), *The Visible Hand: The Managerial Revolution in American Business*, Harvard University Press. (鳥羽欽一郎・小林袈裟治訳『経営者の時代──アメリカ産業における近代企業の成立──』東洋経済新報社, 1979年。)

Cropper, S., Ebers, M., Huxham, C. and Smith Ring, P. (2008), *The Oxford Handbook of Inter-organizational Relations*, Oxford University Press.

Etzioni, A. (1960), "New Directions in the Study of Organizations and Society," *Social Research*, Vol. 27 (3), pp. 223-228.

Etzioni, A. (1964), *Modern Organizations*, Prentice-Hall. (渡瀬浩訳『現代組織論』至誠堂, 1967年。)

Evan, W. M. (1954), "Occupations and Voluntary Associations: A Case Study," Unpublished PhD Dissertation, Cornell University.

Evan, W. M. (1957), "Dimensions of Participation in Voluntary Associations," *Social Forces*, Vol. 36 (2), pp. 148-153.

Evan, W. M. (1966), "The Organization-Set: Toward a Theory of Interorganizational Relations," in Thompson, J. D. (ed.), *Approach to Organizational Design*, University of Pittsburgh Press, pp. 173-191. (土屋敏明・金子邦男・古川正志訳『組織の革新』ダイヤモンド社, 225-246頁, 1969年。)

Evan, W. M. and Schwartz, M. A. (1964), "Law and the Emergence of Formal Organization," *Sociology and Social Research*, Vol. 48 (3), pp. 270-280.

Gordon, C. W. and Babchuk, N. (1959), "A Typology of Voluntary Associations," *American Sociological Review*, Vol. 24 (1), pp. 22-29.

Guetzkow, H. (1966), "Relations Among Organizations," in Bowers, R. V. (ed.), *Studies on Behavior in Organizations*, University of Georgia Press, pp. 13-44.

Levine, S. and White, P. E. (1961), "Exchange as a Conceptual Framework for the Study of Inter-organizational Relationships," *Administrative Science Quarterly*, Vol. 5 (4), pp. 583-601.

Litwak, E. (1961), "Voluntary Associations and Neighborhood Cohesion," *American Sociological Review*, Vol. 26 (2), pp. 258-271.

Litwak, E. and Hylton, L. F. (1962), "Interorganizational Analysis: A Hypothesis on Co-ordinating Agencies," *Administrative Science Quarterly*, Vol. 6 (4), pp. 395-420.

Litwak, E. and Rothman, J. (1970), "Towards the Theory and Practice of Coordination between Formal Organizations," in Rosengren, W. R. and Lefton, M. (eds.), *Organizations and Clients: Essays in the Sociology of Service*, Merrill, pp. 137-186.

March, J. G. (ed.) (1965), *Handbook of Organizations*, Rand McNally.

Mohr, L. B. (1982), *Explaining Organizational Behavior*, Jossey-Bass.

Molina, J. (1999), "On the Relational View," *The Academy of Management Review*, Vol. 24 (2), pp. 184-185.

Pugliese, D. J. (1986), *Voluntary Associations: An Annotated Bibliography*, Garland.

Sills, D. L. (1957), *The Volunteers: Means and Ends in a National Organization*, The Free Press.

Sills, D. L. (ed.) (1968), *International Encyclopedia of the Social Sciences*, Macmillan.

Smith, C. and Freedman, A. (1972), *Voluntary Associations: Perspectives on the Literature*, Harvard University Press.

Terreberry, S. (1968), "The Evolution of Organizational Environments," *Administrative Science Quarterly*, Vol. 12 (4), pp. 590-613.

Tett, G. (2015), *The Silo Effect: The Peril of Expertise and the Promise of Breaking Down Barriers*, Simon & Shuster. (土方奈美訳『サイロ・エフェクト——高度専門化社会の罠——』文藝春秋, 2016年。)

Warren, R. L. (1958), "Citizen Participation in Community Affairs in Stuttgart, Germany," *Social Forces*, Vol. 36 (4), pp. 322-329.

Warren, R. L. (1967), "The Interorganizational Field as a Focus for Investigation," *Administrative Science Quarterly*, Vol. 12 (3), pp. 396-419.

Wren, D. A. (1994), *The Evolution of Management Thought* (4th ed.), John Wiley & Son. (佐々木恒男監訳『マネジメント思想の進化』文眞堂, 2003年。)

赤岡功 (1981),「組織間関係論の対象と方法」『組織科学』第15巻第4号, 4-13頁。

佐々木利廣 (1990),『現代組織の構図と戦略』中央経済社。

佐々木利廣 (2005),「組織間関係論の課題と展開」赤岡功・日置弘一郎編著『経営戦略と組織間提携の構図』中央経済社, 29-45頁。

佐藤慶幸 (1994),『アソシエーションの社会学——行為論の展開——〔新装版〕』早稲田大学出版部。

沢田善太郎 (1997),『組織の社会学——官僚制・アソシエーション・合議制——』ミネルヴァ書房。

角野信夫 (2010),「アメリカにおける経営管理の生成」『神戸学院大学経営学論集』第6巻第2号, 103-119頁。

野中郁次郎 (1974),『組織と市場——組織の環境適合理論——』千倉書房。

野中郁次郎・加護野忠男・小松陽一・奥村昭博・坂下昭宣 (1978),『組織現象の理論と測定』千倉書房。

福永文美夫 (2007),『経営学の進化——進化論的経営学の提唱——』文眞堂。

丸山眞男 (1961),『日本の思想』岩波新書。

山倉健嗣 (1993),『組織間関係——企業間ネットワークの変革に向けて——』有斐閣。

12 経営学における「意識」の存在論的探究
——バーナード組織概念からの考察——

河　辺　　　純

I．はじめに——科学の方法と経営学の方法——

　経営学はその生成から20世紀の半ばまでは，その原理と方法を批判的に探究することを主題としてきたと言われ（小笠原 2004），経営存在の現実に立って「経営を正に経営的に見る見方を原理的に学ぶべき」（山本 1982）であるという主客統合的な志向性からこの課題への研究が蓄積されてきた。[1]しかし20世紀半ば以降，経営学の方法論的潮流は「社会科学としての経営学」という枠組みに則って，隣接する諸科学の方法の援用や解釈を繰り返しているようにも見受けられる。まさにそうした状況は，経営学の自然科学化とも見てとれる。

　近代科学においては「…に対する」探究の先に真理が存在するという態度を疑うことなく，事象を主観的に対象化し分析記述することが重視されてきたことが上述の要因として考えられる。こうした方法論から成立してくる科学は，自省する道徳的勇気を学問の原理として取り入れることを怠り，機械的／計算的／進歩的な方法の開発が使命となり，経営学もその例外とは言えなくもない。

　しかし，人間行為の学である経営学には，現実の経営実践をいかに理解し，またいかに言語化するのかという責任がある。それは「言語化前のリアリティ」（井筒 2009）を経営学として論究し，全体を構造的に把握し理論化し提示することでもある。そのためには，経営学の理論が経営現象の客観的認識による分析や記述で満足することなく，そうした認識の深層の実在を主体的探究によって統合しようとする形而上学的方法によって再構成される必

要があるだろう。

　本稿では以上の問題意識に立脚して，形而上学的存在論とそこから導かれる意識論の関係性から，経営学における組織概念の再構成を試みる。まず次節で，主観的認識論を中心として展開される近代科学の方法の限界について触れておく。そこから第Ⅲ節では，経営学の基盤となる方法論を探究する手がかりとして，存在論と意識論を同定する井筒俊彦の思想とその思想的背景にあるユング（C. G. Jung）の代表的概念に着目し，具体的現象と抽象的概念——実践と理論——の相互理解を可能とする方法論的根拠について言及する。そして最後に第Ⅳ節では，バーナードの組織をめぐる概念について，先に提示した思考方法から再構成し，経営学史研究における新しい可能性の一端を提示してみたい。

Ⅱ．社会科学の方法としての存在論からの転回

　存在論（ontology）とは，存在者一般の意味，構造，様態を主題的に研究する哲学の分野のことであり，形而上学（metaphysic）と同一視されている。すなわち，全ての方法論の基盤には存在論が据えられており，近代科学の方法も存在論を起点に多様な認識論，そして個別のアプローチへ分化するというのが一般的な見方である。本節では現代社会科学の方法論的進展の前提に位置づけられる存在論の捉え方（野村 2017）と，科学的方法の基盤となる形而上学的存在論の捉え方（倉田 2017）との相違を明らかにし，前者の捉え方の問題点と本稿で依拠する後者の存在論の立場について言及する。

　まず社会科学の方法論的分類においては，次のような問いから始められる。それは，「*われわれの知識の対象がわれわれから独立して存在しているのか否か*」というものである。この問いの問題性については後述するが，まずはここから分類されていく一般的な社会科学の方法を取り上げてみる。

　一方は「存在する」という応答からの分化であるが，こちらは「基礎づけ主義（foundationalism）」と呼ばれ，デカルトを典型とする知識の究極の絶対的基礎づけを不可欠とする立場である。社会的事象に対する仮説をデータによって客観的に検証していく「実証主義」や，事象の背後の構造に着目し

た「批判的実在論」などの認識論がその代表的なものである。

　他方「存在しない」側は，知識の対象が存在するかは主体の解釈によって相対的に構成されるとする「反基礎づけ主義（anti-foundationalism）」の立場である。現象や出来事を社会的文脈のなかで主体がどのように解釈することが可能であるかを問う「解釈主義」がこの存在論から導かれる代表的な認識論である。

　上述した双方の立場から，さらに個別の研究の問いが生成し，具体的研究手法が導かれ，存在論－認識論－手法に至る過程を一つの理念型として近代以降の社会科学の方法論の系譜が形成されてきたとの理解が主流とされている（野村 2017）。

　こうした社会科学の方法は，存在論を前提としているように見えるが，観察者の主観的認識を前提とする「存在論－認識論」の構図を常に内包し，そこから各手法が開発され選択されている。すなわち「（存在者の有／無の主観的認識）→存在論→認識論」という構造から科学の手法が生成しているのである。さらに言い換えると，何らかのタスク――役に立つこと――が遂行される領域が科学的認識よって暗黙の前提とされ，そこからいずれかの存在論に沿って領域限定的な目的に対応した方法や概念が当て嵌められているのである[2]。

　しかし，経営学には科学的領域には収まらない問題が常に内包されており，そうした全体領域を射程に入れることができる方法から研究される必要があるのではないだろうか。また，そうした方法それ自体に対する反省も常に求められなければならないだろう[3]。それでは，存在者の背景にある真実在である「存在者一般の意味」を問う方法とは，一体どのようなものであろうか。

　存在論とは「何が存在するのか」という問いを主題とするものである。この問い自体を突き詰めていけば，ヴァン・インワーゲン（P. van Inwagen）の「『何が存在するのか』と問うとき，われわれはいったい何を問うているのか」（*What are we asking when we ask 'What is there?'?*）という問いに至ることを看過してはならないだろう。

　これは存在論的問いそのものの理論的反省である「メタ存在論」の主題で

ある。「メタ存在論」とは，すべての存在論の基盤となるもので，「存在論的問いそのものについての理論的反省」だとされる（倉田 2017）。方法それ自体を自己回帰的に反省するメタレベルの問いを含みながら，経営のリアリティを捉える方法も確立されてこなければならない。そのためには，方法それ自体も含めて「存在を徹底的に問う」ことが要請されてこよう。このような議論を経て，自省的思考過程から生成してくる「概念」が，果たしてこれまでの経営学理論において提示されてきたのだろうか。

Ⅲ．存在論そして意識論へ──「無」からの概念化の可能性──

　あらゆる個別存在を包括し新たな存在の生成基盤である「全体」は，全ての存在の根拠を問う「メタ存在論」として問われなければならない。しかし，こうした存在の地平を，言語を使用することなしに展開させることもまた無意味である。[4]

　存在を対象化させると，認識可能な領域から自己が排除されてしまうが，「存在の根源それ自体」を捉えようとするなら，必ず自己が含まれてくる。ここでの「自己」とは，「他との同一性」つまり自己と他を区別しない「無意識」（unconsciousness）によって捉えることができる世界を指している。それは，個別の意識──個別の無意識を含む──を包摂する，全体的そして一般的意識が捉える領域のことでもある。したがって，こうした形而上学的次元での存在──ありのままの存在──を射程に入れようとする「メタ存在論」は，無意識と意識を対立的に捉えることのない意識論としての「メタ意識論」と相互に関連し合っている。[5] そこで，存在論と意識論をメタレベルで捉え，さらには経営学に導入する意義を検討するにあたって，「意識と存在の形而上学」を構想した井筒俊彦の哲学をここでの主張の理論的根拠としてみたい。

　井筒によると，「意識」とは「客体性と対立した意味での主体性，人間的主体性の機能原理を意味する，…要するに自分を取り巻く外的事物を感覚・知覚的に認知し，それに基づいて思考し思索し，情動し意欲し，意志する主体，それと同時に，そういう様々な心理的動きをする己れ自身を自・自認識

的に覚知する内的主体のあり方」だと考えられている（井筒 2001, 62 頁）。こうした存在論的な意識論から導かれる「無」の意識は，消極的な意味で「意識が存在しない」とはなり得ず，「現象的『有』意識への限りなき可能態としての『無』意識」（同上，68 頁）として把握されることとなるのである。

　近代科学の方法が，認識論から出発して存在論を捉えるのに対して，メタレベルの存在論的探究は，常に存在と意識の不可分性を内包していく。言い換えると，客観的対象として経営現象を観察しているという意識も，それは自己そのものを眺めている意識性のあり方として現れてくるのである。したがって，あらゆる経営現象を生成している根源には，それぞれの自己の存在とそれぞれの自己の意識が絶えず関わっていることとなる。

　この井筒の意識の形而上学的構想は，ユングの「集合的無意識」（collective unconscious）のパターンである「元型」（archetype）概念を導入することで，さらにその構造が説得的に強化されていることに注目したい（図 1「意識の構造モデル」を参照）。ユングの「集合的無意識」とは，「個人的無意識」のさらに深層部分を指すもので，個人が経験的に体得不可能ではあるが，生得的かつ普遍的なものとしての意識のことを指す。この意識の本質について，ユングは以下のように述べている。

　　集合的無意識とは個人的な心の仕組みが顕わにされたものでは絶対にない。それは全世界へと拡がり，全世界へと開かれている客体性である。その中では私はあらゆる主体にとっての客体であり，それは私がつねに主体であって客体を所有しているというような通常の私の意識とは正反対の状態である。そこでは私は世界との直接無媒介の一体感にはまりこんでいるので，私は現実には誰であるかをあまりにも簡単に忘れてしまうほどである。「自分自身の中へ迷いこむ」という表現が，この状態をぴったり言い表している。しかしそのばあいの「自分自身」とは世界のことである。意識が「自分自身」を見ることができるならば，それが世界だ，と言うべきである。だからこそ自分が誰であるかを知らなければならないのだ。（ユング 1999, 翻訳書，50 頁。）

図1　「意識の構造モデル」

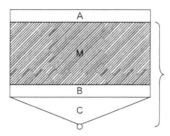

・・・・・表層意識（A）

・・・・・深層意識（M−C）
　　　M：「想像的」・「元型」的イメージュが機能する領域
　　　B：「集合的無意識」,「元型」の生起
　　　C：無意識

（出所）　井筒（1991），214頁参照。図の補足説明は筆者。[6]

ユングはこのような「集合的無意識」の深層に共通のパターン（型）が潜在するとし，これを「元型」と呼んだ。この「元型」概念は，あらゆる存在の心の普遍的基礎——国家や民族を含むあらゆる協働存在とその祖先，さらにはあらゆる生命体の祖先をも包摂した存在に内在する意識のパターン——であって，人間主観から事象を対象化する近代科学的な概念把握の方向性とは明らかに異なる。井筒やユングの思想に象徴的な存在論的かつ意識論的探究から規定されるこうした概念こそ，「人間の実存に深く喰い込んだ，生々しい普遍者」（井筒 1991, 206頁）としてのそれであり，無意識から生成されてくる意識の存在者との不可分性，そうした無から生成される存在と概念の関係性への不断の問いが必然的に内包されてくることとなる。

　加えて，井筒の提示する「意識の構造モデル」の深層意識レベル（図1のM領域）は，「あるとも言えず，ないとも言えない存在の中間領域に実在が成立してくる」（井筒 1991, 31頁）ような領域であり，この意識と存在が不可分な領域から道徳性が語られていることも特筆すべきであろう。

　ユングの集合的無意識層においては，「美徳」と「悪徳」の両極が含まれており，表層的意識下ではそれらが，ある個人や協働にはそれが有徳な事象として認識されたとしても，別のある個人や協働にとってはそれらが劣悪な徳と意識化されてしまうことがわかる。未開な人種においては，比較的に矛盾なくこの両極が個人に内在しているが，個人や協働の発展が進むと，両立し得ない複雑な道徳性が，理性の作用で一方が他方によって抑圧されることが多々起こるのである。[7]

　すなわち，社会がより高度に発展し，卓越した個人によって構成される巨大な社会になればなるほど，社会的倫理性が欠如してしまうのは，限定された個別の表層的意識下で，道徳性が恣意的に選択され，他の道徳性が拒絶されたり，放棄されるからだと考えられる。

　存在論的かつ意識論的に規定されるこうした概念が，科学的概念と区別される根拠として，ここでは一旦次の二点にまとめておく。第一に，概念それ自体が，主体的存在に内在的で身体的であるということがある。すなわち，抽象と具象が，つねに統合的に存在者の内に一体化していく過程に「概念」も生成してくるということ。第二に，概念は事物の客観的観察から抽出された共通理解を促す普遍的枠組みではなく，普遍から個別の具体的存在のあり方，すなわち道徳的秩序を含んだ可能態であるということ。これらの特性を内在させた「概念」が，人間と組織のあり様を探究する経営学にも妥当するのか否かについて，バーナードの組織概念から次節では考察する。

Ⅳ．バーナード組織概念の内的構造

　バーナードは主著出版後に，『経営者の役割』で到達した組織概念について，「時間的な連続性を持つ活動および相互作用の統合的集合体」（Barnard 1948, p. 112）と表現した。社会科学の方法が自然科学化する現代ではことさら，こうした組織概念を反省的に問い直す必要があるだろう。

　バーナードが目指した概念化は，日常の協働において経験する経営現象を，近代科学の方法とは別の問題として扱うということであった。それは人間と組織，さらには社会やそれらを取り巻く全存在へと開かれた「形而上学的」な概念提唱として捉えることが可能なのかについて，ここでは明らかにしたい。[8]

　具体的には，バーナード理論における概念——主に組織をめぐる概念——が，第一に「メタ存在論」的問いを内在させたものであり，第二に，同時にそれは「メタ意識論」でもあるということ，そこから最後に普遍的具象性を内在させた本質的かつ実存的概念として把握できるということ。限定的ではあるが，この三要件について以下に見ておく。

「組織とはある明示的な目標や目標群に関してその行動が調整されている人々の，ある程度限定された集団から構成されているものだ，とする組織概念を拒否した」(*Ibid.*) と述べているように，バーナードにとって組織とは，人間行動を支配しているすべての「影響力」をあるがままに知り得るような無限の可能性を含んだものとして捉えられていたことがわかる。したがって，協働システムから物的，社会的要因と人間そのものをも組織にとって外的な要因として退けた組織定義を，「具体的事実」が捨象された極めて抽象性の高い概念と理解することは誤りである。そうした誤りは，「一つの細部あるいは〈単一〉の出来事」を限定的に認識する近代科学の方法ではしばしば起こってくる問題であるだろう。ゆえに，具体的枠組みによって単純化された「観念」を「概念」として捉えることを回避するために，バーナードは，認識の対象である個別の「存在者」である人間そのものを排除したのである (*Ibid.*, p. 129)。組織があらゆる具体的存在を包摂している，根源的普遍的「場」概念として把握されるのはそのためである。つまり，それはメタレベルの存在論から定義されたものとして見なすことができるのである。

存在の根源的「場」としての組織は，個別かつ部分的な具体的組織を分析するための枠組みではなく，様々な存在主体による「組織を感得する」複雑な精神過程を通じて，われわれに理解可能となってくる。したがって，組織存在を正しく理解するための枠組みは，科学的な「認識」によって与えられるのではなく，存在の地平と一体となった「メタ意識」レベルによってなされるのである。そこで，意識論（メタ意識論）という観点からも組織概念を再構成しておこう。

バーナードが経営実践における「無意識性——非論理的過程——」の理解を重視していたことは，「日常の心理」(Barnard 1936) というテーマの講演内容からも知ることができる。

非論理的過程とは「言葉ではあらわせない，あるいは推理として表現できない過程であって，判断，決定あるいは行為によって知られるにすぎぬもの」であり，「その源泉は，生物的な条件ないし要素，もしくは物的，社会的環境より由来し，無意識的に，あるいはわれわれの側で意識的な努力をしなくともわれわれの心に植えつけられるものである。それはまた，多くの事

実，様式，概念，技術，抽象ならびにいわゆる公式的知識や信念などからも成立」(*Ibid.*, p. 302) するものである。

こうした個人の意識の深層部分が，ユングの思考と同様に，人種や部族や社会などすべての精神機能を包括する「ア・プリオリかつ無意識的に与えられている集合的心」(ユング 1995，翻訳書，52 頁) に由来していることがわかるだろう。つまり，バーナードの方法においても，意識の深層にメタ意識的な「集団的無意識」の領野が想定されていたのである。

さらに，この意識／無意識の過程が「有効性と能率」の問題との関連で触れられていることも看過できない。バーナードは論理的過程の行き過ぎを是正するものとして，非論理的過程の能率を発展させることの必要性を説いた。それは責任的行為としての経験によって，非論理的過程がより豊かなものとなり，そのような非論理的過程や直観といった無意識の地平から，論理的過程が「調整」されることが望ましいと言うのである (Barnard 1936, p. 321)。

こうして非論理的な無意識の場から，論理的意識的過程が調整され，普遍的なものから生成される道徳的具体者という構造が最後に浮上してくる。無意識の地平から生成してくる意識は，常に存在者と不可分である。すなわち，普遍性から生成してくる概念も具体的存在主体とたえず深く関わっているのである。こうした意識に関する思考は，その後の主著における組織概念でも確認することができる。

「意識的に調整された人間の——非人格的——活動や諸力のシステム」と定義された公式組織は，先に述べたユングの「元型」概念に類似して，個別の協働システムや個人的存在の在り方を映し出す普遍的概念となっている。それは，公式組織という概念枠組みによって，現実の様々な個別協働状況の価値が決定されているが，その過程を逆に辿れば，様々な協働システムの現実社会での実践の結果は，公式組織という道徳創造の源泉に常に影響を与え続けているとも理解できるのである。

ここに普遍から具体へ，具体から普遍の相互の過程を媒介する概念として非公式組織の機能の重要性が浮上してくることとなる。まず，非公式組織は無意識な社会過程から生成し，一定の態度，慣習や制度を確立させ，公式組

織の発生条件となる（図2の非公式組織Ⅰ）。さらに，一旦公式組織が生成すると新たな非公式組織が創造され（図2の非公式組織Ⅱ），「公式組織の基底にあって最もすみやかに不誠実を感得する」（Barnard 1938, p. 282）機能を有するようにもなる。こうして組織は，具体的協働に道徳的価値を付与し，また協働行為の結果を道徳的に自覚し，反省することが可能となってくるのである。

　こうした「メタ存在」および「メタ意識」の次元から，バーナードの組織概念の内的構造を再構成することで，組織をめぐる概念が現代社会科学の方法に則った概念規定とは異なることがより明らかとなった。

　これまでの考察に基づき，井筒やユングの「意識の構造モデル」から解明された，バーナードの組織概念に潜在する一つの可能性を，「組織の意識構造モデル」（図2）として整理し以下に示しておく。

図2　組織の意識構造モデル

A：　表　層　意　識　層	公式的制度としての協働行為（論理的）	
（個人的無意識）	↑	↓
	具体的協働行為	協働行為の結果
	個性化／選択	不誠実を感得
	道徳創造	道徳的自覚
M：　「元型」が機能する領域	公式組織	非公式組織Ⅱ
		（個人の全人性を保持）
	①　②	道徳的反省
B：　「集合的無意識」層	非公式組織Ⅰ （公式組織発生条件）	
	様々な生命現象，慣習，概念，技術等	
C：　無　意　識　層	＊①は「調整過程」，②は「能率の発展過程」	

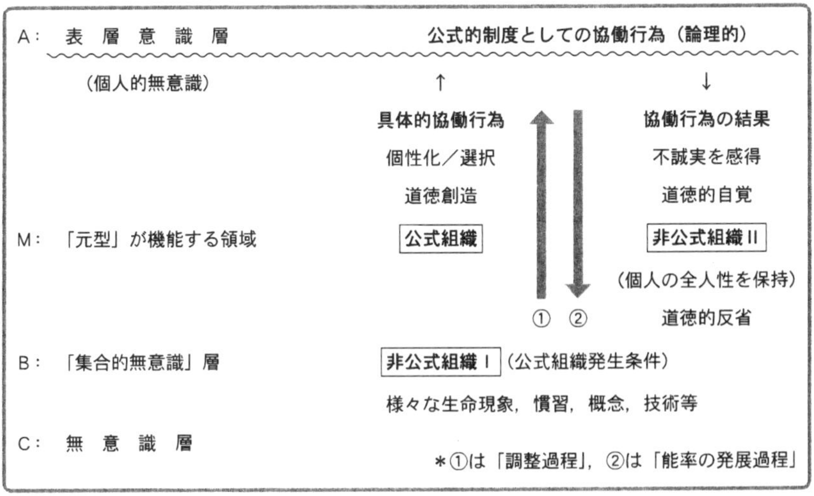

（出所）　図1「意識の構造モデル」をもとに筆者作成。

Ⅴ．むすびに

「経営実践と経営学理論の乖離」，「実践に役立つ経営学」など経営学への要求と学問としての存在意義についての議論は現代においても尽きることがない。こうした問いに対して，現代資本主義的価値で意味づけられた枠組みから現実を見渡すことは，現実を見誤るだけでなく，現実存在そのものを歪めていく。誰かのため，何かのため——経営者のため，企業のため——といった対象限定的な要請に応答するのではなく，自己それ自身に応答するための真理の探求でなければ，自己そのものから乖離する。こうして近代科学は，対象を緻密に限定し細分化することで，他者とは相容れない合理的な個人主義によって却って全体的な自己を喪失させてしまったと言えよう。

　あらゆる協働実践の現実は，自己の経験そのものである。すなわち自身が直接的に関わる協働だけでなく，表層意識で認知する限りの他の協働システムの現実であっても，自己自身の経験として「自覚する」術が経営学として要請されてこなければならない。また，そうした構想の先に，真の意味で役に立つ経営学が生成してくると考えたい。本稿ではその端緒を，バーナードの組織をめぐる概念に内在する構造に求めた。ここで示した思考は，組織をめぐるその他の概念——有効性と能率概念，経営における技術——などによって体系的に補強されるものであり，本稿で論究した志向性から展開していくことを今後の課題としたい。

注
1）　戦前はドイツ経営経済学における経営経済という経営の客体を対象とする研究が主流であり，戦後はアメリカにおける経営実践（マネジメント）という経営の主体を対象とする研究の導入によって，この主客統一的な学問的研究が 1960 年代まではわが国では主要課題であったとされる（小笠原 2004，第三章）。
2）　こうした存在論は，哲学的存在論に対して「応用存在論」（applied ontology）や「領域的存在論」（regional ontology）と呼ばれてもいる（倉田 2017）。
3）　倉田は「哲学には固有の問いと方法および説明の方式がある」との信念を持ち，科学の一部として哲学をするという姿勢に批判的であるが（倉田 2017），本稿で主張する経営学の方法論的立場もこの考え方に依拠している。
4）　東洋哲学においては，形而上学の極所に接近するために様々な仮名が案出されており「絶

対」,「真実在」,「道（タオ）」,「空」そして「無」等がそれに該当する（井筒 2001）。

5）　経営学史研究において，組織における意識の問題を存在論として捉える必要性を主張した研究に村田（2001）のものがあげられる。村田の「組織の深層意識」を存在論的探究を進めていくために，本稿ではその哲学的背景を共有すると考えられる井筒とユングの哲学から考察した。

6）　図1は，井筒による意識の「構造モデル」である。Aは「表層意識」，その下は全て「深層意識（無意識)」領域である。最下層のCは「無意識」であり，Bはユングの「集合的無意識」の領域で「元型」が成立してくる場所であるとされる。CからBに近くなるにつれて，「意識化」への胎動が始まる。その上のMは「想像的イマージュの場所」。Bで成立した「元型」はM領域で様々なイマージュとして生起し，独自の機能によって，その一部のみが表層意識のAに昇華する（井筒 1991）。

7）　ユング（1995），第二章参照。

8）　バーナードの公式組織定義 a system of consciously coördinated activities or forces of two or more persons における "consciously" の主体をめぐっての議論は周知されているが（「飯野－加藤論争」およびその後の展開），この論争に関連して村田は「"consciously" の解釈の多義的曖昧性の様相は，バーナードの研究者に，文脈解析的アプローチ以外のアプローチを迫る」との考えを示している（村田 1978）。本稿においても本定義に潜在する哲学的問題を抽出し，そうした哲学的問題性および近代科学の方法論の限界を，バーナードの組織概念を新たに「形而上学的構造」として理解することを通して分析することで新たな学史的意義を見出すことを目的としている。

参考文献

Barnard, C. I. (1936), "Mind in Everyday Affairs," *Appendix of The Functions of the Executive*, Harvard University Press.（山本安次郎・田杉鏡・飯野春樹訳「日常の心理」『新訳 経営者の役割』ダイヤモンド社，1968 年。）

Barnard, C. I. (1938), *The Functions of the Executive*, Harvard University Press.（山本安次郎・田杉鏡・飯野春樹訳『新訳 経営者の役割』ダイヤモンド社，1968 年。）

Barnard, C. I. (1948), "Concepts of Organization," *Organization and Management*, Harvard University Press.（村田晴夫訳「組織の概念」飯野春樹監訳『組織と管理』，文眞堂，1990 年所収。）

飯野春樹（1978），『バーナード研究』文眞堂。

池田善昭（2013），『原子力時代の終焉──東日本大震災に臨んで──』晃洋書房。

井筒俊彦（1991），『意識と本質──精神的東洋を索めて──』岩波文庫。

井筒俊彦（2001），『意識の形而上学──『大乗起信論』の哲学──』中公文庫。

井筒俊彦（2009），『読むと書く──井筒俊彦エッセイ集──』慶応義塾大学出版会。

小笠原英司（2004），『経営哲学研究序説──経営学的経営哲学の構想──』文眞堂。

倉田剛（2017），『現代存在論講義Ⅰ／Ⅱ』新曜社。

野村康（2017），『社会科学の考え方──認識論，リサーチ・デザイン，手法──』名古屋大学出版会。

村田晴夫（1978），「構造と主体──バーナードの公式組織の概念をめぐって──」『武蔵大学論集』第 26 巻第 2 号。

村田晴夫（2001），「組織における意識の問題」『経営学パラダイムの探求──人間協働この未知なるものへの挑戦──』文眞堂。

山本安次郎（1982），『経営学原論』文眞堂。

ユング，C. G.／松代洋一・渡辺学訳（1995）『自我と無意識』第三文明社。

ユング，C. G. ／林道義訳（1999）「集合的無意識の諸元型について」『元型論』紀伊國屋書店。

第 IV 部
文　　献

ここに掲載の文献一覧は，第Ⅱ部の統一論題論文執筆者
が各自のテーマの基本文献としてリストアップしたもの
を，年報編集委員会の責任において集約したものである。

1 経営学の「概念」を問う——現代的課題への学史からの挑戦——

外国語文献

1 Malthus, T. R. (2018), *An essay on the principle of population: the 1803 edition*, edited and with an introduction by Shannon C. Stimson, Yale University Press. (斉藤悦則訳『人口論』光文社古典新訳文庫, 2011 年。)

2 Marx, K. (1872), *Karl Marx—Friedrich Engels Werke*. Band 23-25, Institut fur Marxismus—Leninsmus beim ZK der SED. Dietz Verlag, Berlin, 1962-64. (岡崎次郎訳『資本論 (1)～(9)』大月書店, 1972-1975 年。)

3 Polanyi, K. (1944, 2001), *The Great Transformation: The Political and Economic Origins of Our Time*, Beacon Press. (野口健彦・栖原学訳『大転換——市場社会の形成と崩壊——（新訳）』東洋経済新報, 2009 年。)

4 Pomeranz, K. (2000), *The Great Divergence: China, Europe, and the Modern World Economy*, Princeton University Press. (川北稔監訳『大分岐——中国, ヨーロッパ, そして近代世界経済の形成——』名古屋大学出版会, 2015 年。)

5 Smith, A. (1776, 2003), *The Wealth of Nations*, Bantam Classic Edition (This edition is based on the fifth edition as edited and annotated by Edwin Cannan in 1904). (水田洋監訳・杉山忠平訳『国富論 (1)～(4)』岩波文庫, 2000-2001 年。)

6 Weber, M. (1920), "Die Protestantische Ethik und der Geist des Kapitalismus," in: *Gesammelte Aufsätze zur Religionssoziologie*, Bd. 1, C.B. Mohr. (梶山力・大塚久雄訳『プロテスタンティズムの倫理と資本主義の精神（上・下）』岩波書店, 1955-1962 年。)

日本語文献

1 経営学史学会編 (1994),『経営学の位相（経営学史学会年報 第 1 輯)』文眞堂。

2 経営学史学会編 (1995),『経営学の巨人（経営学史学会年報 第 2 輯)』文眞堂。

3 経営学史学会編 (2000),『経営学百年——鳥瞰と未来展望——（経営学史学会年報 第 7 輯)』文眞堂。

4 経営学史学会編 (2012),『経営学の思想と方法（経営学史学会年報 第 19 輯)』文眞堂。

5　山本安次郎（1975），『経営学研究方法論』丸善株式会社。
6　山本安次郎・加藤勝康編著（1982），『経営学原論』文眞堂。

2　批判的実在論からみた「企業」概念の刷新

外国語文献

1　Ackroyd, S. and Fleetwood, S. (2000), *Realist Perspectives on Management and Organisations*, Routledge.
2　Archer, M. S. (1995), *Realist Social Theory: The Morphogenetic Approach*, Cambridge University Press.
3　Bhaskar, R. (1998), *The Possibility of Naturalism: A Philosophical Critique of the Contemporary Human Science*, Routledge.
4　Bhaskar, R. (2008), *A Realist Theory of Science*, Verso.
5　Danermark, B., Ekström, M. and Karlsson, J. Ch. (2002), *Explaining Society: Critical Realism in the Social Sciences*, Routledge.
6　Denemark, R. A. (2000), *World System History: The Social Science of Long-Term Change*, Routledge.
7　Fleetwood, S. and Ackroyd, S. (2004), *Critical Realist Applications in Organisation and Management Studies*, Routledge.
8　Frank, A. G. and Gills, B. K. (1993), *The World System: Five Hundred Years or Five Thousand?*, Routledge.
9　Sanderson, S. (1999), *Social Transformations: A General Theory of Historical Development*, Rowman & Littlefield.
10　Sanderson, S. (2004), *World Societies: The Evolution of Human Social Life*, Allyn & Bacon.

日本語文献

1　片岡信之（1973），『経営経済学の基礎理論——唯物史観と経営経済学——』千倉書房。
2　片岡信之（1992），『現代企業の所有と支配——株式所有論から管理的所有論へ——』白桃書房。
3　加藤勝康編（1982），『経営学原論——山本安次郎博士喜寿記念論集——』経営学理論研究会。
4　坂本雅則（2007），『企業支配論の統一的パラダイム——「構造的支配」概念の

提唱——』文眞堂。

5　篠原三郎・片岡信之 (1972),『批判的経営学』同文館出版。
6　山本安次郎 (1961),『経営学本質論』森山書店。
7　山本安次郎 (1964),『経営学要論』ミネルヴァ書房。
8　山本安次郎編 (1970),『経営学説』ダイヤモンド社。
9　山本安次郎・加藤勝康編 (1997),『経営発展論』文眞堂。

3　21 世紀の企業観——グローバル社会における corpus mysticum——

外国語文献

1　Bakan, J. (2004), *The Corporation*, Free Press.（酒井泰介訳『ザ・コーポレーション』早川書房，2004 年。）
2　Drucker, P. F. (1946), *The Concept of the Corporation*, John Day Company.（岩根忠訳『会社という概念』東洋経済新報社，1966 年。）
3　Harari, Y. N. (2014), *Sapiens: A Brief History of Humankind*, Harvill Secker.（柴田裕之訳『サピエンス全史』河出書房新社，2016 年。）
4　Harari, Y. N. (2016), *Homo Deus: A Brief History of Tomorrow*, Harvill Secker.（柴田裕之訳『ホモ・デウス』河出書房新社，2018 年。）
5　Harari, Y. N. (2018), *21 Lessons for the 21st Century*, Penguin Random House UK.（柴田裕之訳『21 Lessons——21 世紀の人類のための 21 の思考——』河出書房新社，2019 年。）
6　Kantorowicz, E. H. (1957), *The King's Two Bodies: A Study in Mediaeval Political Theology*, Princeton University Press.（小林公訳『王の二つの身体（上・下）』ちくま学芸文庫，2003 年。）
7　Reich, R. B. (2012), *Beyond Outrage*, Vintage Books.（雨宮寛・今井章子訳『格差と民主主義』東洋経済新報社，2014 年。）

日本語文献

1　岩井克人 (2005),『会社はだれのものか』平凡社。
2　植村達男・金児昭 (2007),『株式会社はどこへ行くのか』日本経済新聞社。
3　奥村宏 (2005),『会社は誰のものでもない』ビジネス社。
4　渋沢栄一 (2008),『論語と算盤』角川文庫。
5　高橋俊夫 (2006),『株式会社とは何か』中央経済社。
6　ドーア，ロナルド (2006),『誰のための会社にするか』岩波書店。

7　トッド，E. 他（2014），『グローバリズムが世界を滅ぼす』文藝春秋。

8　中野明（2010），『岩崎弥太郎「三菱」の企業論——ニッポン株式会社の原
　　点——』朝日新聞出版。

9　広田真一（2012），『株主主権を超えて』東洋経済新報社。

10　吉村典久（2012），『会社を支配するのは誰か』講談社。

4　経営学における労働概念の考察
——労働から仕事・キャリアのマネジメントへ——

外国語文献

1　Arendt, H. (1958), *The Human Condition*, the University of Chicago Press.
　　（志水速雄訳『人間の条件』筑摩書房，1994 年。）

2　Beer, M., Spector, B., Lawrence, P. R., Quinn Mills, D. and Walton, R. E.
　　(1984), *Managing Human Assets*, Free Press.（梅津祐良・水谷英二訳
　　『ハーバードで教える人材戦略』日本生産性本部，1990 年。）

3　Davenport, T. H. (2005), *Thinking for a Living: How to Get Better
　　Performance and Results from Knowledge Workers*, Harvard Business
　　School Press.（藤堂圭太訳『ナレッジワーカー——知識労働者の実力を
　　引き出す経営——』ランダムハウス講談社，2006 年。）

4　Hardt, M. and Negri, A. (2000), *Empire*, Harvard University Press.（水嶋一
　　憲・酒井隆史・浜邦彦・吉田俊実訳『帝国——グローバル化の世界秩序
　　とマルチチュードの可能性——』以文社，2003 年。）

5　Likert, R. (1961), *New Patterns of Management*, McGraw-Hill.（三隅二不二
　　訳『経営の行動科学——新しいマネジメントの探求——』ダイヤモンド
　　社，1967 年。）

6　Taylor, F. W. (1911), *The Principles of Scientific Management*, Harper &
　　Brothers.（有賀裕子訳『新訳　科学的管理法——マネジメントの原
　　点——』ダイヤモンド社，2009 年。）

7　Weber, M. (1920), Die protestantische Ethik und der Geist des Kapitalismus,
　　Gesammelte Aufsätze zur Religionssoziologie I, J.C.B. Mohr.（中山元
　　訳『プロテスタンティズムの倫理と資本主義の精神』日経 BP 社，2010
　　年。）

日本語文献

1　今村仁司（1988），『仕事』弘文堂。

2　今村仁司（1998），『近代の労働観』岩波書店。

3　岩出博（1989），『アメリカ労務管理論史』三嶺書房。

4　奥林康司・菊野一雄・石井修二・平尾武久・岩出博（1992），『労務管理入門［増補版］』有斐閣。

5　上林憲雄編（2013），『変貌する日本型経営──グローバル市場主義の進展と日本企業──』中央経済社。

6　上林憲雄・平野光俊編（2019），『日本の人事システム──その伝統と革新──』同文舘出版。

7　菊野一雄（2003），『現代社会と労働』慶應義塾出版会。

8　津田眞澂（1977），『人事労務管理の思想』有斐閣。

9　中村圭介・石田光男編（2005），『ホワイトカラーの仕事と成果──人事管理のフロンティア──』東洋経済新報社。

10　森五郎（1977），『経営労務論』丸善出版。

11　森五郎編（1989），『労務管理論［新版］』有斐閣。

5　日本における「労働」概念の変化と経営学

外国語文献

1　Corbin, A. (1995), *L'avènement Des Loisirs (1850-1960)*, Aubier. （渡辺響子訳『レジャーの誕生』藤原書店，2000 年。）

2　Langlois, R. N. (2007), *The Dynamics of Industrial Capitalism*, Routledge, New York. （谷口和弘訳『消えゆく手──株式会社と資本主義のダイナミックス──』慶應義塾大学出版会，2011 年。）

3　Micklethwait, J. and Wooldridge, A. (2003), *The Company: A short History of a Revolutionary Idea*, Weidenfeld & Nicolson. （日置弘一郎・高尾義明監訳／鈴木泰雄訳『株式会社』ランダムハウス講談社，2006 年。）

日本語文献

1　北原貞輔（1990），『経営進化論──在ることから成ることへのパラダイム転換──』有斐閣。

2　北原貞輔・能見時助（1991），『TQC から TQM へ──さらに IQM に向かって──』有斐閣。

3　澤野雅彦（2001），『現代日本企業の人事戦略——21世紀のヒトと組織を考える——』千倉書房。

4　間宏（1978），『日本労務管理史研究』御茶の水書房。

5　橋本毅彦（2002），『《標準の》哲学』講談社。

6　橋本毅彦（2012），『飛行機の誕生と空気力学の形成』東京大学出版会。

7　前間孝則（1996），『マン・マシンの昭和伝説（上）——航空機から自動車へ——』講談社。

8　前間孝則（1996），『マン・マシンの昭和伝説（下）——航空機から自動車へ——』講談社。

6　経営学の「概念」を問う：経営学史研究の課題
——シンポジウムを顧みて——

外国語文献

1　Kuhn, T. S. (1962, 2012), *The Structure of Scientific Revolution*, 4th ed., University of Chicago Press.（中山茂訳『科学革命の構造』みすず書房，1971年。）

2　Quine, W. V. O. (1953, 1980), *From a Logical Point of View: 9 Logico-Philosophical Essays*, 2nd ed., revised, Harvard University Press.（飯田隆訳『論理的観点から——論理と哲学をめぐる九章——』勁草書房，1992年。）

3　Witzel, M. (2017), *A History of Management Thought*, second ed., Routledge.

日本語文献

1　池内信行（1949），『經營經濟學史』理想社。

2　経営学史学会編（2012），『経営学史事典［第2版］』文眞堂。

3　経営学史学会編（2018），『経営学史研究の挑戦（経営学史学会年報 第25輯）』文眞堂。

4　経営学史学会編（2019），『経営学の未来——経営学史研究の現代的意義を問う——（経営学史学会年報 第26輯）』文眞堂。

5　野家啓一（2007），『増補　科学の解釈学』筑摩書房。

6　野村康（2017），『社会科学の考え方——認識論，リサーチ・デザイン，手法——』名古屋大学出版会。

7　山本安次郎（1971），『経営学本質論　第四版』森山書店。

第 V 部
資　　料

経営学史学会第 27 回全国大会実行委員長挨拶

石 嶋 芳 臣

経営学史学会第 27 回全国大会は，北海学園大学を主催校として 2019 年 5 月 24 日から 26 日までの 3 日間にわたり開催されました。

北海学園大学は，1885 年に私塾として設立された北海英語学校に始まり，自主独立の「開拓者精神（Pioneer Spirit）」を建学の精神に 1952 年に設立された，道内最古の私立大学です。現在は，経営学部，経済学部，法学部，人文学部，工学部の 5 学部，5 研究科，工学部を除く各学部に 2 部（夜間部）を設置する総合大学であり，学生数 9,000 名弱の 9 割が道内出身者で占めていることからも，北海道の発展と共にある大学といえます。本学を訪れたことのある方には，地下鉄直結校舎の印象も強いかと存じます。

そうした本学において，2007 年の第 15 回大会以来，12 年ぶり二度目となる当学会の全国大会を開催させて頂いたことは，誠に光栄に存じます。札幌の 5 月はまだまだ肌寒い時期でしたが，大会当日は，会員・非会員併せて約 100 名弱の方々にご参加いただきました。遠方からも多くの会員の皆様にお越し頂けたことは感謝に耐えません。お陰を持ちまして，盛会のうちに終了することができ，ご来場下さった皆様に，実行委員会一同謹んで御礼申し上げます。

今大会は，「経営学の『概念』を問う——現代的課題への学史からの挑戦——」を統一論題として，「『企業』概念を問う」と「『労働』概念を問う」という 2 つのサブ・テーマが設定されました。趣意文にもあるように，経営学史研究の立場から，現代社会あるいは現代経営学がどのような課題を抱えており，それに対していかなる具体的な応答可能性があり，さらにはどのように「経営学の未来」を構想するかという未来志向の視点から，経営学において繰り返し問われてきた主要概念のうち，とりわけ今日の環境変化による影響範囲が広くかつ深刻と考えられる「企業」概念と「労働」概念とを取り上げることで，経営学の発展可能性を示すことが意図されておりました。

　基調報告「経営学の『概念』を問う――現代的課題への学史からの挑戦――」に続き，サブ・テーマⅠ「『企業』概念を問う」では，2名の会員から「批判的実在論からみた『企業』概念の刷新」と「21世紀の企業観――グローバル社会における corpus mysticum――」の報告がなされました。引き続き，サブ・テーマⅡの「『労働』概念を問う」では，2名の会員から「経営学における労働概念の変遷――労働から仕事・キャリアのマネジメント――」と「経営学の時代と労働」の報告がなされました。

　今大会では，第26回全国大会に引き続き，最終日に「シンポジウム」の場が設けられ，各サブ・テーマの報告者4名と討論者2名，基調報告者1名を壇上に迎え，吉原正彦会員による司会進行のもと，150分に及ぶたいへん充実した有意義な議論が展開されました。また，自由論題におきましては，6名の会員よりたいへん意義深い研究報告がなされ，活発な質疑が展開されました。ご報告頂いた先生方をはじめ，司会者，討論者，チェアパーソンをお務め頂いた先生方，フロアから議論をより深める様々なご質問・ご意見を頂戴した学会員の皆様に，熱く御礼申し上げる次第です。

　最後に，今全国大会を無事に終えることが出来ましたのは，経営学史学会第9期理事長の勝部伸夫先生および学会運営委員会，理事会の諸先生より，開催決定直後から大会準備・大会運営その他全般的なご支援・ご協力の賜であると感謝しております。

　2020年5月に久留米大学におきまして開催されます第28回全国大会も，実り多き報告と討論とを通じて，本学会と経営学の発展・充実に寄与されますことを祈念いたしまして，第27回全国大会実行委員長の挨拶に代えさせて頂きます。ありがとうございました。

第27回全国大会を振り返って

柴　田　　明

　経営学史学会第27回全国大会は，2019年5月24日(金)から26日(日)まで，北海学園大学豊平キャンパスにおいて開催された。

　今大会の統一論題は「経営学の『概念』を問う——現代的課題への学史からの挑戦——」であり，サブテーマは，サブテーマⅠ「『企業』概念を問う」，サブテーマⅡ「『労働』概念を問う」であった。統一論題で2つのサブテーマが扱われた後，昨年と同様，シンポジウムを通して議論を深めるという形式で行われた。

　初日はまず，大会実行委員長である石嶋芳臣会員より開会の辞が述べられた。続いて藤沼司会員による基調報告「経営学の『概念』を問う——現代的課題への学史からの挑戦——」が行われ，「企業文明」における経営学のこれまでと今後のあり方が検討された。

　続いて統一論題が行われ，サブテーマⅠ「『企業』概念を問う」のもとに，坂本雅則会員による「批判的実在論から見た『企業』概念の刷新」，中條秀治会員による「21世紀の企業観——グローバル社会における corpus mysticum——」が報告され，それぞれの観点から提示された企業観に関して討論が行われた。サブテーマⅡ「『労働』概念を問う」では，庭本佳子会員による「経営学における労働概念の変遷——労働から仕事・キャリアのマネジメントへ——」，澤野雅彦会員による「経営学の時代と労働」が報告され，経営学において「労働」をどう考えるべきかについて討論が行われた。

　2日目に開催されたシンポジウムでは，1日目の統一論題での議論をふまえて，報告者と討論者，そしてフロアからの議論を交えて，2つの概念についてさらに議論が深められた。近年の新しい「企業」の台頭や，人手不足などによってクローズアップされる「労働」問題を背景として，2つの概念について，経営学史という観点からもアプローチする必要性が確認された。

　自由論題報告については，3会場において計6名の報告がなされた。各報

告者から意欲的な研究成果が発表され，いずれの会場においても活発な質疑応答が交わされた。

　会員総会ではまず2018年度の活動報告と収支決算報告，続いて2019年度の活動計画と収支予算案が説明され，承認された。また年会費の値上げ，会員メールアドレスの収集と使用許諾などについて提案がなされ，承認された。学会賞について審査委員長の深山明会員から説明があり，井坂康志会員の『P・F・ドラッカー──マネジメント思想の源流と展望──』（文眞堂，2018年）に著作部門奨励賞が授与されることが報告された。次回第28回全国大会について久留米大学での開催が決定したことが報告され，開催校を代表して同大学の福永文美夫会員から挨拶があった。

　季節外れの暑さに見舞われた札幌だったが，石嶋芳臣実行委員長をはじめとする北海学園大学の先生方や学生の皆様の，用意周到かつきめ細かな配慮のおかげで，大変快適に過ごすことができ，実り多い議論をすることができた。皆様には改めて感謝申し上げたい。

　なお第27回全国大会のプログラムは次のとおりである。

　　　2019年5月25日（土）
【開会・基調報告】（7号館3階D30教室）
　　10：00～10：35　開会の辞：第27回全国大会実行委員長　石嶋芳臣（北
　　　　　　　　　　　　海学園大学）
　　　　　　　　　　基調報告：藤沼　司（青森公立大学）
　　　　　　　　　　論　題：「経営学の『概念』を問う──現代的課題への学
　　　　　　　　　　　　史からの挑戦──」
　　　　　　　　　　司会者：勝部伸夫（専修大学・経営学史学会理事長）
【統一論題】（7号館3階D30教室：報告30分，討論30分，質疑応答50分）
　　サブテーマⅠ　「企業」概念を問う
　　10：40～14：00（11：40～12：40：昼食　理事会）
　　　　　　　　　　第一報告
　　　　　　　　　　報告者：坂本雅則（龍谷大学）
　　　　　　　　　　論　題：「批判的実在論からみた『企業』概念の刷新」

　　　　　　　　第二報告

　　　　　　　　報告者：中條秀治（中京大学）

　　　　　　　　論　題：「21 世紀の企業観―グローバル社会における

　　　　　　　　　　　　corpus mysticum―」

　　　　　　　　討論者：水村典弘（埼玉大学）

　　　　　　　　司会者：山縣正幸（近畿大学）

　サブテーマⅡ　「労働」概念を問う

　14：10〜16：30　第一報告

　　　　　　　　報告者：庭本佳子（神戸大学）

　　　　　　　　論　題：「経営学における労働概念の変遷―労働から仕

　　　　　　　　　　　　事・キャリアのマネジメントへ―」

　　　　　　　　第二報告

　　　　　　　　報告者：澤野雅彦（北海学園大学）

　　　　　　　　論　題：「経営学の時代と労働」

　　　　　　　　討論者：風間信隆（明治大学）

　　　　　　　　司会者：岡田行正（広島修道大学）

【会員総会】（7 号館 3 階 D30 教室）

　16：40〜18：00

【懇親会】（ANA クラウンプラザホテル札幌 3 階「祥雲」）

　19：00〜21：00

　　2019 年 5 月 26 日（日）

【自由論題】（報告 30 分，質疑応答 30 分）

A 会場（7 号館 4 階 D40 教室）

　9：30〜10：30　報告者：小川智健（神戸大学大学院）

　　　　　　　　「企業家的人工物――集合的ブリコラージュとしてのイ

　　　　　　　　　ノベーションを捉える新しい分析枠組み――」

　　　　　　　　チェアパーソン：高橋正泰（明治大学）

　10：40〜11：40　報告者：黄　雅雯（北星学園大学）

　　　　　　　　「ペンローズの企業成長理論と『資源・能力アプロー

チ』」

　　　　　　チェアパーソン：石川伊吹（立命館大学）

B会場（7号館4階D41教室）

　9：30〜10：30　報告者：貴島耕平（関西学院大学）

　　　　　　「経営学におけるワーク・モチベーション研究の再検
　　　　　　討」

　　　　　　チェアパーソン：山下　剛（北九州市立大学）

　10：40〜11：40　報告者：池内秀己（九州産業大学）

　　　　　　「日本的経営の『概念』を問う」

　　　　　　チェアパーソン：辻村宏和（中部大学）

C会場（7号館4階D42教室）

　9：30〜10：30　報告者：西村友幸（小樽商科大学）

　　　　　　「水を得た魚のごとく――1960年代の組織間フィール
　　　　　　ドにおける『連合』学習――」

　　　　　　チェアパーソン：大月博司（早稲田大学）

　10：40〜11：40　報告者：河辺　純（大阪商業大学）

　　　　　　「経営学における『意識』の存在論的探究――バーナー
　　　　　　ド組織概念からの考察――」

　　　　　　チェアパーソン：岩田　浩（龍谷大学）

【シンポジウム】（7号館2階D20教室，3時間）

　12：40〜15：40　司会進行：吉原正彦（青森中央学院大学）

　　　　　　基調報告：藤沼　司（青森公立大学）

　　　　　　報告者：坂本雅則（龍谷大学）

　　　　　　報告者：中條秀治（中京大学）

　　　　　　討論者：水村典弘（埼玉大学）

　　　　　　報告者：庭本佳子（神戸大学）

　　　　　　報告者：澤野雅彦（北海学園大学）

　　　　　　討論者：風間信隆（明治大学）

【大会総括・閉会】（7号館2階D20教室）

　15：40〜16：00　大会総括：経営学史学会理事長　勝部伸夫（専修大学）

閉会の辞：第 26 回全国大会実行委員会　石嶋芳臣（北
　　　海学園大学）

執筆者紹介（執筆順，肩書には大会後の変化が反映されている）

藤　沼　　司（青森公立大学教授）
　　　　主著『経営学と文明の転換——知識経営論の系譜とその批判的研究——』文眞堂，
　　　　　　2015 年
　　　　　　『原子力発電企業と事業経営——東日本大震災と福島原発事故から学ぶ——』
　　　　　　（共編著）文眞堂，2016 年

坂　本　雅　則（龍谷大学経営学部教授）
　　　　主著『企業支配論の統一的パラダイム——「構造的支配」概念の提唱——』文眞堂，
　　　　　　2007 年
　　　主要論文「片岡説と構造的支配——権力パラダイムとの接点——」経営学史学会編『経
　　　　　　営理論と実践（経営学史学会年報 第 16 輯）』文眞堂，2009 年

中　條　秀　治（中京大学経営学部教授）
　　　　主著『組織の概念』文眞堂，1998 年
　　　　　　『株式会社新論——コーポレート・ガバナンス序説——』文眞堂，2005 年

庭　本　佳　子（神戸大学大学院経営学研究科准教授）
　　　　主著『経営組織入門』（共編著）文眞堂，2020 年
　　　主要論文「人事ポリシーと組織文化」上林憲雄・平野光俊編著『日本の人事システ
　　　　　　ム——その伝統と革新——』（共著）同文舘出版，2019 年

澤　野　雅　彦（前北海学園大学教授）
　　　　主著『現代日本企業の人事戦略』千倉書房，2001 年
　　　　　　『企業スポーツの栄光と挫折』青弓社，2005 年

吉　原　正　彦（青森中央学院大学経営法学部特任教授）
　　　　主著『経営学の新紀元を拓いた思想家たち——1930 年代のハーバードを舞台
　　　　　　に——』文眞堂，2006 年
　　　主要論文「企業経営の永続性——環境と経営の問題——」日本経営学会編『新たな経営
　　　　　　原理の探求——経営学論集第 81 集——』千倉書房，2011 年

水 村 典 弘 (埼玉大学大学院人文社会科学研究科経済系教授)

　　　主著『経営のルネサンス――グローバリズムからポストグローバリズムへ――』
　　　（共著）文眞堂，2017 年

　　主要論文「従業員による「意図せぬ不正」の要因分析――コンプライアンスの死角で
　　　行われる不正とその対応の具体策――」『産業経理』第 79 巻第 4 号，2020
　　　年

風 間 信 隆 (明治大学教授)

　　　主著『実践に学ぶ経営学』（共編著）文眞堂，2018 年
　　　『ライン型資本主義の将来』（監訳）文眞堂，2008 年

黄 　 雅 雯 (北星学園大学経済学部准教授)

　　　主著『経営戦略の課題と解明』（共著）文眞堂，2019 年

　　主要論文「ペンローズの企業成長論の成立と展開」『北星学園大学経済学部北星論集』
　　　第 58 巻第 2 号，2019 年

貴 島 耕 平 (関西学院大学商学部助教)

　　主要論文「組織行動論におけるミクロ-マクロ問題の再検討――社会技術システム論の
　　　学際的アプローチを手がかりに――」『経営学の再生――経営学に何ができ
　　　るか――（経営学史学会年報 第 21 輯）文眞堂，2014 年
　　　「組織行動論の本流を見極める：人間関係論，組織開発，アクション・サイ
　　　エンス」（貴島耕平・福本俊樹・松嶋登），『国民経済雑誌』第 216 巻第 2
　　　号，2017 年

西 村 友 幸 (小樽商科大学大学院商学研究科教授)

　　　主著『連邦型ネットワークの経営』多賀出版，2002 年

　　主要論文「マーケティング洞視眼――事業定義の論理学的手法――」『マーケティング
　　　ジャーナル』第 33 巻第 4 号，2014 年

河 辺 　 純 (大阪商業大学教授)

　　主要論文「バーナードの協働論と公式組織論――人間はなぜ協働するのか，協働を成
　　　功に導く公式組織とは何か――」経営学史学会監修・藤井一弘編著『経営
　　　学史叢書第Ⅵ巻　バーナード』文眞堂，2011 年
　　　「経営学の批判力と構想力」経営学史学会編『経営学の批判力と構想力（経
　　　営学史学会年報 第 23 輯）』文眞堂，2016 年

経営学史学会年報掲載論文（自由論題）審査規定

1　本審査規定は本学会の年次大会での自由論題報告を条件にした論文原稿を対象とする。

2　編集委員会による形式審査

　原稿が著しく規定に反している場合，編集委員会の責任において却下することができる。

3　査読委員の選定

　査読委員は，原稿の内容から判断して適当と思われる会員2名に地域的バランスも考慮して，編集委員会が委嘱する。なお，大会当日の当該報告のチェアパーソンには査読委員を委嘱しない。また会員に適切な査読委員を得られない場合，会員外に査読委員を委嘱することができる。なお，原稿執筆者と特別な関係にある者（たとえば指導教授，同門生，同僚）には，査読委員を委嘱できない。

　なお，査読委員は執筆者に対して匿名とし，執筆者との対応はすべて編集委員会が行う。

4　編集委員会への査読結果の報告

　査読委員は，論文入手後速やかに査読を行い，その結果を30日以内に所定の「査読結果報告書」に記入し，編集委員会に査読結果を報告しなければならない。なお，報告書における「論文掲載の適否」は，次のように区分する。

①**適**：掲載可とするもの。

②**条件付き適**：条件付きで掲載可とするもの。査読委員のコメントを執筆者に返送し，再検討および修正を要請する。再提出された原稿の修正確認は編集委員会が行う。

③**再査読**：再査読を要するもの。査読委員のコメントを執筆者に返送し，再検討および修正を要請する。再提出された原稿は査読委員が再査読し，判断する。

④**不適**：掲載不可とするもの。ただし，他の1名の評価が上記①〜③の場合，査読委員のコメントを執筆者に返送し，再検討および修正を要請する。再提出された原稿は査読委員が再査読し，判断する。

　なお，再査読後の評価は「適（条件付きの場合も含む）」と「不適」の2つ

とする。また，再査読後の評価が「不適」の場合，編集委員会の最終評価は，「掲載可」「掲載不可」の2つとするが，再査読論文に対して若干の修正を条件に「掲載可」とすることもある。その場合の最終判断は編集委員会が行う。

5　原稿の採否

　編集委員会は，査読報告に基づいて，原稿の採否を以下のようなルールに従って決定する。

①査読委員が2名とも「適」の場合は，掲載を可とする。

②査読委員1名が「適」で，他の1名が「条件付き適」の場合は，修正原稿を編集委員会が確認した後，掲載を可とする。

③査読委員1名が「適」で，他の1名が「再査読」の場合は，後者に修正原稿を再査読するよう要請する。その結果が「適（条件付きの場合を含む）」の場合は，編集委員会が確認した後，掲載を可とする。「不適」の場合は，当該査読委員がそのコメントを編集委員会に提出し，編集委員会が最終判断を行う。

④査読委員が2名とも「条件付き適」の場合は，修正原稿を編集委員会が確認した後，掲載を可とする。

⑤査読委員1名が「条件付き適」で，他の1名が「再査読」の場合は，後者に修正原稿を再査読するよう要請する。その結果が「適（条件付きの場合を含む）」の場合は，編集委員会が前者の修正点を含め確認した後，掲載を可とする。「不適」の場合は，当該査読委員がそのコメントを編集委員会に提出し，編集委員会が最終判断を行う。

⑥査読委員が2名とも「再査読」の場合は，両者に修正原稿を再査読するよう要請する。その結果が2名とも「適（条件付きの場合を含む）」の場合は，編集委員会が確認した後，掲載を可とする。1名あるいは2名とも「不適」の場合は，当該査読委員がそのコメントを編集委員会に提出し，編集委員会が最終判断を行う。

⑦査読委員1名が「条件付き適」で，他の1名が「不適」の場合は，後者に修正原稿を再査読するよう要請する。その結果が「適（条件付きの場合を含む）」の場合は，編集委員会が前者の修正点を含め確認した後，掲載を可とする。「不適」の場合は，当該査読委員がそのコメントを編集委員会に提出し，編集委員会が最終判断を行う。

⑧査読委員1名が「再査読」で，他の1名が「不適」の場合は，両者に修正原稿を再査読するよう要請する。その結果が2名とも「適（条件付きの場合を含

　む)」の場合は，編集委員会が確認した後，掲載を可とする。1名あるいは2名とも「不適」の場合は，当該査読委員がそのコメントを編集委員会に提出し，編集委員会が最終判断を行う。

⑨査読委員1名が「適」で，他の1名が「不適」の場合は，後者に修正原稿を再査読するよう要請する。その結果が「適（条件付きの場合を含む)」の場合は，編集委員会が確認した後，掲載を可とする。「不適」の場合は，当該査読委員がそのコメントを編集委員会に提出し，編集委員会が最終判断を行う。

⑩査読委員が2名とも「不適」の場合は，掲載を不可とする。

6　執筆者への採否の通知

　編集委員会は，原稿の採否，掲載・不掲載の決定を，執筆者に文章で通知する。

経営学史学会

年報編集委員会

編集後記

　「経営学の『概念』を問う——現代的課題への学史からの挑戦——」として統一論題のテーマを設定した経営学史学会第 27 回全国大会は，北海学園大学において開催された。大会では報告と討論ならびにシンポジウムが行なわれ大変成果が上がった。その成果を編集したものがこの度お届けする経営学史学会年報第 27 輯である。経営学の基本的概念をどのように考えるかは優れて学史志向的である。概念があってこそ理論ができあがる。概念に込められた意味と意義は極めて重要である。概念によって人は物事を把握し理解するという意味で，概念は人の認識行為の出発点でありそれを操舵する方向を決める枢要な指針である。経営学説の歴史と言うとき往々にしてまず念頭に浮かぶのは経営理論の歴史であるが，経営理論は概念に基づくだけに，理論史とともに，経営学における主たる基本概念史を取り上げるならば，それは既に一個の学説史であるとも言える。現代の経営学的研究において潮流ともなっている実証研究に見られる傾向としては，操作主義的に概念の測定がなされ，概念間の関係としての仮説が検証されている。もちろん，仮説が事実かどうかを検証することは，脱呪術化と合理化を掲げる近代科学の理念に沿うことであり，そうした研究は大いに歓迎されるべきである。しかし，その際使用され測定される概念ならびにその研究の前提となる概念は，同時代的な測定的意味のみならず，歴史的な生成史的意味を持つことが銘記されるべきであろう。今回の大会で取り上げられた概念は，「企業」と「労働」である。経営学的研究をなす場合には欠かすことのできない両概念について，決して一回の大会報告では汲めど尽きない含蓄と重みがあることを，経営学の研究に携わる全ての者は知るべきであり，常に経営学史的研究の中に積み上げられてきたそれらの概念の意味に自らの企業概念ならびに労働概念を重ねる努力をしながら研究を進めて行かなければならないことを自戒の念を込めながら記しておきたい。

（渡辺敏雄　記）

THE ANNUAL BULLETIN
of
The Society for the History of Management Theories

No. 27   May, 2020

Rethinking Some Concepts in Management Theories: A Challenge to Contemporary Issues from the History of Management Theories

Contents

Abstracts

Rethinking Some Concepts in Management Theories: A Challenge to Contemporary Issues from the History of Management Theories

Tsukasa FUJINUMA (Aomori Public University)

In general, a discipline is regarded as a system structured by several concepts. Our intricate actual experiences are described through several concepts. Therefore, we construct our experiences as a fact. When we describe our experiences as a fact, we are influenced by various concepts strongly. Now, I should ask a question. How management theories reorganize our experiences? In this study, I would like to discuss the process of reconstruction to comprehend an original orientation of management theories going back into the history.

It is safe to say that (1) capitalism, (2) market economy, (3) measured by money unit and quantitative analysis are the main features of the orientation of management theories. I would say, above mentioned four features are the foundations of the present management theories. In addition, Facts based on management theories are abstracted from our experience. Furthermore, some problems to be solved will appear because of those facts. The problems will decide our direction toward a management practice. Then, our experiences will be formed by the practice. I wonder what the problem of this process is. I expect that future management theory would respond the problems by evaluating the orientation of past management theories critically.

The Innovation of the Concept 'Private Enterprise' in Management Theories in Japan from the Standpoint of Critical Realism

Masanori SAKAMOTO

(Ryukoku University)

The purpose of this paper is to innovate the concept 'private enterprise' of Management Theories in Japan from the standpoint of critical realism.

This paper consists of three topics. First of all, I mention that there are three schools of management theories in Japan; the American school, the German school and the Critical Management school. The different ways of theorizing the concept 'private enterprise' are critically examined.

Secondly, by reviewing the significance of the theory proposed by Prof.

Dr. Shinshi Kataoka in the third school, I suggest that Kataoka's theory allows us to break the deadlock of the preexisting Critical Management theories and to combine the two previous schools, but I also criticize that Kataoka's theory could not completely eliminate the static dimension.

Thirdly, after a brief overview of social ontology proposed by critical realists, I construct the properly-adjusted social ontology and the Structural Control – Power Paradigm that I have proposed since 2007 and taken advantage of that social ontology to solve the drawback of Kataoka's theory.

In conclusion, I assert that Kataoka's theory could get rid of the static dimension only by the introduction of social ontology by critical realists and the Structural Control – Power Paradigm make it integrate the concept 'private enterprise' of Management Theories in Japan.

The Concept of 'Corporation' in the 21st Century:

Corpus Mysticum in Global Society

Hideharu CHUJO (Chukyo University)

We need to recognize a fundamental difference between the notion of 'corporation' and 'company'. The idea of the corporation is a fiction. The term derives from the mediaeval Christian abstraction of the corpus mysticum ('mystical body in Latin'), – a concept existing only in imagination. The corporation is in fact the equivalent of a legal person: independent, and not owned by shareholders.

To accurately conceptualize the notion of the corporation in the 21st century, we need to abandon the prevalent neoliberalism ideology under which neoliberalist like Milton Friedman have claimed that "corporation is owned by the shareholders", "the purpose of the corporation is to maximize shareholder value", and "the function of management is to maximize shareholder value". This kind of definition of the corporation's role has brought no happiness to society at large, nor to the world in the long run.

Rather than cling to the neoclassical idea of 'shareholder primacy', We need to turn in the direction of 'stakeholder orientation', in which big corporations are responsible not only to shareholders, but also to all the other stakeholders in society, taking into account wider ideas of social and environmental benefit.

Considering the Concept of Labor in Management Theories:
Transition from Labor to Work and Career Management

Yoshiko NIWAMOTO (Kobe University)

This paper studies how the concept of labor has been discussed in the historical studies of management theories. To investigate the changes in the meaning of concept and practices in labor, this paper has focused on what aspects of the labor process have been the subject of management and how labor practices of working people have been considered.

I looked the view of labor and labor practices since modern period and examined how personnel management and human resource management have managed "labor". Today, in the human resource management field, many management problems related to "labor" are being discussed in terms of "work" and "career".

In this paper, I pointed out two factors as the cause of these changes. First, due to the diversification of labor forms and labor practices, various factors such as time, wages, labor relations, which have been categorizing labor concept so far, can no longer grasp various labor phenomena. Second, while the logic of efficiency and marketization related to labor is increasingly advancing, new collaborative relationships are being built among people beyond the boundaries of existing organizations.

Change in "Labor" Concept and Business Administration in Japan

Masahiko SAWANO (Hokkai-Gakuen University)

Business administration was established from the end of the 19th century to the beginning of the 20th century, as corporates needed the "know-how" to "manage" themselves because indirect employment changed to direct employment due to the progress of mechanization.

During the 20th century, the concept of labor was stable. It was easy to find the meaning of work, and people could believe that if they worked hard, they could live a good life.

However, from the end of the 20th century, the servitization of economy started. Since services cannot be stocked or transported, leveling the quality of service was difficult. As a result, indirect employment increased and direct employment declined.

From the end of 20th century to early 21st century, manufacturing-centric society gradually shifted to service-centric society as a result of "softening" and "servitization" of economy.

Inquiring "concepts" of Management Theories:
Themes for Researches of the History of Management Theories

Masahiko YOSHIHARA (Aomori Chuo Gakuin University)

The unified subject of the 27th national conference was "asking 'the concepts' of management theories." There were two subthemes. The first was "asking the concepts of 'corporation'" and the second was "asking the concepts of 'labor'." As results of the symposium of the unified subject, we could have two important suggestions.

The first suggestion is that ontological investigations is indispensable to researches of the history of management theories. The reason is that epistemology and research methodology has been pluralized since the appearance of Kuhn's Paradigm Theory.

The second suggestion is that the supported relationships, that is, between the real world based on the historical background and the theoretical world which consists of conceptual frameworks, are required determinately. Therefore, it would be necessary to inquire towards establishment of the research method of the history of management theories.

経営学の『概念』を問う
——現代的課題への学史からの挑戦——

経営学史学会年報　第27輯

2020年5月22日　第1版第1刷発行　　　　　　　検印省略

編　者　　経 営 学 史 学 会

発行者　　前　　野　　　　隆

発行所　　株式会社　文　眞　堂
東京都新宿区早稲田鶴巻町533
電　話　03（3202）8480
FAX　03（3203）2638
〒162-0041 振替00120-2-96437

印刷・平河工業社／製本・丸和製本
© 2020
URL. http://keieigakusi.info/
http://www.bunshin-do.co.jp/
落丁・乱丁本はおとりかえいたします
定価はカバー裏に表示してあります
ISBN978-4-8309-5088-9　C3034

経営学の位相　第一輯

経営学の巨人　第二輯

日本の経営学を築いた人びと　第三輯

●主要目次

アメリカ経営学の潮流 第四輯

経営学研究のフロンティア 第五輯

経営理論の変遷　第六輯

●主要目次

経営学百年——鳥瞰と未来展望——　第七輯

●主要目次

組織管理研究の百年 第八輯

● 主要目次

IT革命と経営理論　第九輯

現代経営と経営学史の挑戦
──グローバル化・地球環境・組織と個人──　第十輯

経営学を創り上げた思想　第十一輯

●主要目次

ガバナンスと政策——経営学の理論と実践——　第十二輯

●主要目次

企業モデルの多様化と経営理論　第十三輯
──二十一世紀を展望して──

● 主要目次

経営学の現在──ガバナンス論、組織論・戦略論──　第十四輯

現代経営学の新潮流──方法、CSR・HRM・NPO── 第十五輯

危機の時代の経営と経営学 第十八輯

●主要目次

経営学の思想と方法 第十九輯

経営学の貢献と反省──二十一世紀を見据えて── 第二十輯

経営学の再生——経営学に何ができるか——　　　　第二十一輯

現代経営学の潮流と限界──これからの経営学── 第二十二輯

経営学の批判力と構想力 第二十三輯

経営学史研究の興亡 第二十四輯

●主要目次

経営学史研究の挑戦　第二十五輯

●主要目次

経営学の未来──経営学史研究の現代的意義を問う──　第二十六輯

●主要目次